CÓMO ESCRIBIR OFERTAS QUE VENDEN

44 ESTRATEGIAS PSICOLÓGICAS PARA CREAR UNA OFERTA EXITOSA

ROMAN KMENTA

Pie de Imprenta

© 2023 Roman Kmenta, Forstnergasse 1,
A-2540 Bad Vöslau - www.romankmenta.com

1ª edición 07/2023

Diseño de portada: Monika Stern / sternloscreative
Maquetación: VoV media
Ilustración: VoV media
Edición y corrección: VoV media
Derechos de autor de la imagen: Freepik hole-from-ball 73
Editor: VoV media - www.voice-of-value.com

ISBN tapa blanda: 978-3-903845-73-2
ISBN eBook: 978-3-903845-79-4

CONTENIDO

Prólogo 7

Objetivos de las ofertas escritas 10

Crear valor, pero ¿cómo? 13

Cómo utilizar este libro 15

El beneficio del cliente como base 17

*Estrategia de oferta n° 1 -
Averiguar las necesidades de los clientes* ----------------- 18

*Estrategia de oferta n° 2 -
Ponerse las gafas del cliente* ------------------------------ 21

*Estrategia de oferta n° 3 -
Beneficio para el cliente en lugar de sólo
características del producto* -------------------------------- 22

La presentación de la oferta 24

*Estrategia de oferta n° 4 -
Presentea tus ofertas personalmente* ---------------------- 25

Estructura de la oferta 29

*Estrategia de oferta n° 5 -
Definir una plantilla estándar* ----------------------------- 29

*Estrategia de oferta n.° 6 -
Conéctate primero y establece relaciones* --------------- 30

*Estrategia de oferta n° 7 -
Describir los problemas del cliente* ----------------------- 31

Estrategia de oferta nº 8 -
Incluye los objetivos específicos del cliente en tu oferta. 33

Estrategia de oferta nº 9 -
No demasiados detalles en la oferta 34

Estrategia de oferta nº 10 -
Ofrecer precios de paquetes 35

Estrategia de oferta nº 11 -
Da al precio su propia página 36

Estrategia de oferta nº 12 -
Calcula el ahorro 36

Estrategia de oferta nº 13 -
Poner precio a los productos gratuitos 37

Estrategia de oferta nº 14 -
Acorta tu oferta 39

Estrategia de oferta nº 15 -
Formular una llamada a la acción (CTA) 41

Representación **44**

Estrategia de oferta nº 16 -
Diseñar un diseño 45

Estrategia de oferta nº 17 -
Elige un tipo de letra más grande 47

Estrategia de oferta nº 18 -
Formular frases cortas 48

Estrategia de oferta nº 19 -
Utilice viñetas y listas 49

Estrategia de oferta nº 20 -
Conseguir más ventas 49

Estrategia de oferta nº 21 -
Haz subtítulos 50

Estrategia de oferta nº 22 -
Utilizar gráficos e imágenes 50

Estrategia de oferta nº 23 -
Utiliza los colores y la disposición del texto con estilo-- 51

Personalización **53**

Estrategia de oferta nº 24 -
Utilizar el logotipo del cliente ----------------------------- 54

Estrategia de oferta nº 25 -
Utilizar el nombre del cliente ----------------------------- 54

Estrategia de oferta nº 26 -
Dirija el beneficio del cliente ----------------------------- 55

Estrategia de oferta nº 27 -
Firmar en persona --- 55

Estrategia de oferta nº 28 -
Utilice Post-it -- 56

Estrategia de oferta nº 29 -
Incluya presupuestos -------------------------------------- 57

Texto y palabras **59**

Estrategia de oferta nº 30 -
Crear valor con más palabras ----------------------------- 59

Estrategia de oferta nº 31 -
Crear valor con palabras más elegantes y poderosas --- 62

Estrategia de oferta nº 32 -
Escriba "al gusto del cliente". ---------------------------- 65

Psicología de los precios **69**

Estrategia de oferta nº 33 -
Haz un sándwich de precios ------------------------------- 69

Estrategia de oferta nº 34 -
Prescinda de los suavizantes ----------------------------- 70

Estrategia de oferta nº 35 -
Evite las palabras asociadas negativamente ------------ 72

Estrategia de oferta nº 37 -
Reduzca los precios -- 73

Estrategia de oferta nº 38 -
Pon primero los artículos de mayor precio ---------------- 74

Estrategia de oferta nº 39 -
Hacer precios no circulares ------------------------------ 78

Embalaje 80

Estrategia de oferta nº 40 -
Empaqueta tu oferta con valor --------------------------- 80

Destacar/formas especiales 84

Estrategia de oferta nº 41 -
Enviar un archivo de audio con la oferta ---------------- 85

Estrategia de oferta nº 42 -
Empaquete tu mensaje en forma de vídeo ---------------- 85

Estrategia de oferta nº 43 -
Crea tu propio sitio web para tu oferta ----------------- 88

Estrategia de oferta nº 44 -
Ofrezca paquetes impactantes y sobrecogedores -------- 90

Conclusión 92

Consejo extra: Haz un seguimiento - ¡SIEMPRE! ------- 92

Sobre el Autor 95

PRÓLOGO

Muchos sectores utilizan cartas de oferta, probablemente incluido el tuyo; de lo contrario, probablemente no estaría leyendo este libro. Sin embargo, la elaboración de ofertas o presupuestos profesionales suele ser una habilidad infravalorada en diversos sectores de la economía. Los vendedores tienden a centrarse en el contenido de la oferta, sobre todo en el precio, pero a menudo pasan por alto la importancia de la presentación de la oferta: su formato, disposición, lenguaje, etcétera.

Las ofertas actúan como vendedores silenciosos, aunque no siempre tienen por qué serlo, un concepto que exploraremos con algunas ideas interesantes más adelante en el libro. Entablan una forma de comunicación con sus clientes. Si se elaboran con eficacia, las ofertas pueden mantener interacciones más largas y frecuentes con los clientes que las que tu, como vendedor, podrías mantener.

En muchos casos, la oferta escrita es el único contacto. Hay muchos sectores en los que es habitual solicitar primero una oferta por escrito y -si resulta interesante- sólo después permitir una reunión personal con el vendedor. En el caso de las licitaciones, por ejemplo -una forma especial de negocio-, suele ser así. En estos casos, es aún más importante que tu oferta realice una excelente labor de venta.

A lo largo de mi carrera profesional, he escrito probablemente varios miles de propuestas. Desde las más modestas, de unos pocos cientos de euros, hasta las más sustanciosas, de varios cientos de miles de euros. Unas pocas, de mi etapa en el sector de las TI, alcanzaron incluso el millón de euros.

Al principio de mi carrera, tampoco era muy consciente de la importancia de la oferta escrita. No tenía ni idea de lo diverso y profundo que es el tema de la "redacción de ofertas".

Hoy trabajo con empresas pequeñas y muy grandes, ayudándolas a mejorar su rendimiento en ventas. El contenido de este libro -trabajar profesionalmente con ofertas- es una palanca importante para los resultados de ventas de muchas empresas.

No es tan difícil sacar mucho más partido de tus ofertas. No requiere mucho tiempo ni implica costes significativamente más elevados. Todo lo que hace falta para que tus ofertas sean mejores vendedoras son las estrategias adecuadas (que encontrarás en este libro), quizás una pizca de creatividad, y la puesta en práctica y aplicación coherentes de los consejos que leas aquí.

Estas estrategias son ideales para las propuestas escritas, ya sea en forma de carta o de correo electrónico. Sin embargo, descubrirás que muchos de estos consejos también pueden aplicarse a las presentaciones de propuestas, que puedes realizar ante una audiencia de varios clientes. Además, estas estrategias pueden aplicarse eficazmente en el ámbito de las ofertas en línea, en páginas de ventas y dentro de tiendas online.

Sea cual sea tu oferta, en este libro encontrarás muchas cosas útiles y fáciles de poner en práctica que te ayudarán a hacer de tus ofertas mejores vendedoras y, por tanto, a aumentar la tasa de cierre. Te deseo mucho éxito en este empeño.

OBJETIVOS DE
LAS OFERTAS ESCRITAS

Cuando se profundiza en la optimización de tus ofertas y se les hace mejores vendedores... ¿qué se quiere conseguir? Más ventas, seguro. Una mayor tasa de cierre, por supuesto. Pero se trata de objetivos generales de ventas que no tienen que ver sólo con la oferta en sí, sino que dependen de muchos otros factores:

- el contenido de las ofertas: los productos y los precios,

- los vendedores y sus habilidades,

- tu marketing y publicidad,

- la imagen de tu empresa

y mucho más.

Por lo tanto, recomiendo fijar objetivos para tus ofertas que estén más estrechamente relacionados con la oferta y en los que ésta incida directamente. Los objetivos que se persiguen perfectamente con las estrategias de este libro son:

- Tus clientes deben sentirse personalmente interpelados por tu oferta.

- Tu oferta debe despertar la curiosidad de los clientes para que la abran en primer lugar, como un correo electrónico o incluso una carta postal.

- Quiere que tus clientes conserven tu oferta el mayor tiempo posible (y no la desechen rápidamente).

- Tu oferta debe destacar positivamente y diferenciarse de la competencia.

- Tu oferta debe añadir valor a lo que tú ofreces.

- Tu oferta debe ser lo bastante comprensible para que la entiendan quienes puedan recibirla de su persona de contacto.

- Tu oferta debe comunicar al cliente que tu eres un proveedor muy profesional.

- Tu oferta debe destacar positiva y claramente de las de otros proveedores.

- Tus clientes deben leer tu oferta en su totalidad e - idealmente- varias veces.

Y sí, aunque no sea el objetivo inmediato de la oferta, las estrategias y consejos de este libro deberían ayudar y ayudarán mucho a

- Tus índices de graduación aumenten,

- Tus ofertas sean aceptadas más a menudo,

- Tu volumen de negocios crezca y

- Tus precios sean más altos y consigan más rendimiento.

¿Son estos objetivos interesantes para ti y tu negocio? Entonces empecemos ahora mismo a analizar el valor de tu oferta y cómo puedes aumentarlo.

CREAR VALOR, PERO ¿CÓMO?

¿Cuánto vale algo? Esta pregunta no tiene una respuesta universal. El valor se percibe en la mente del cliente, y esa percepción es bastante individual y subjetiva. Algunas personas están dispuestas a endeudarse por el último televisor de pantalla grande, mientras que otras ni siquiera tienen televisor. Algunas empresas residen en oficinas lujosas en direcciones elegantes, otras trabajan desde un contenedor. No se trata necesariamente de que sea asequible, ya que a menudo las empresas que operan desde contenedores pueden incluso ser más rentables.

El quid de la cuestión es en qué o bajo qué circunstancias alguien está dispuesto a gastar más dinero. Eso es precisamente lo que determina el valor que se atribuye a un determinado producto o servicio.

Los clientes siempre comparan el precio que cobras, consciente o inconscientemente, con el valor que ofreces. También suelen comparar el precio y el valor de tu oferta con los de tus competidores. La regla es sencilla: si el valor percibido supera el precio, el cliente comprará. Si no, no lo hará. Hay dos formas de conseguir este equilibrio: reduciendo el precio, lo que hace que el valor parezca mayor, o aumentando el valor en sí.

El primer camino -reducir el precio- sólo suele ser rentable para las empresas muy grandes con estructuras de costes extremadamente reducidas. Para la mayoría de mis clientes, no es la estrategia preferida, y probablemente tampoco la recomendaría a la mayoría de mis lectores.

Sin embargo, el segundo enfoque -aumentar el valor- es factible para la mayoría de las empresas, desde las corporaciones hasta los autónomos. Exige un pensamiento más creativo y, a menudo, más tiempo. Reducir los precios es una opción más fácil y rápida, pero en general es más sostenible y rentable centrarse en aumentar el valor a los ojos de los clientes.

Este valor lo puedes aumentar tú como vendedor, así como tus ofertas, entre otras cosas. Esencialmente, todas las estrategias presentadas aquí giran en torno a esta pregunta fundamental: ¿Cómo puedes aumentar el valor de tu oferta?

CÓMO UTILIZAR ESTE LIBRO

Las estrategias en las que profundizaremos durante el resto de este libro son, en su mayoría, aplicables de forma independiente. Esto implica que puede seleccionar las que le parezcan más atractivas y crea que se adaptan mejor a su tipo de negocio o base de clientes. Lo ideal es combinar estas estrategias para maximizar su impacto.

He agrupado las estrategias en varios temas para que te resulte más fácil asignarlas y trabajar con ellas. Como siempre, al tratarse de áreas temáticas, no se solaparán. Una estrategia del área temática A también podría encajar bien en el área B o C. Sin embargo, esto no es realmente importante. Lo que importa más es que pueda aplicar las estrategias a tus ofertas.

Áreas y puntos de partida para aumentar el valor

Las áreas temáticas que ofrecen muchas posibilidades de aumentar el valor de tu oferta a los ojos de los clientes, y que destacamos a lo largo del resto del libro, son:

- el beneficio para el cliente,

- la presentación de la oferta,

- la estructura de la oferta,

- la presentación de la oferta,

- las palabras y los textos utilizados,

- el precio y la psicología del precio,

- el embalaje de la oferta,

- las formas llamativas y especiales de las ofertas.

EL BENEFICIO DEL CLIENTE COMO BASE

La piedra angular de todas las consideraciones encaminadas a aumentar el valor es el beneficio del cliente o, más concretamente, los motivos de compra que sustentan este beneficio. Los motivos de compra se derivan de las necesidades humanas. Si dejamos momentáneamente de lado las necesidades básicas (como la comida, el aire, etc.), existen numerosas necesidades o motivos de compra que influyen en las decisiones de compra de sus clientes.

Entre los posibles motivos de compra (aunque no todos) se incluyen:

- Prestigio y reconocimiento
- Conexión con los demás/amor
- Crecimiento y progreso
- Ahorro de costes
- Obtener beneficios
- Seguridad y control
- Libertad
- Poder
- Variedad

- Simplicidad y ausencia de problemas

- Salud

- Placer

- Ayudar a los demás y contribuir al conjunto.

Para aumentar el valor percibido de tu oferta en la mente del cliente, es esencial abordar los motivos de compra relevantes o el motivo de compra clave del cliente. Sólo entonces tus esfuerzos aumentarán efectivamente el valor.

En pocas palabras, si un cliente tiene una gran necesidad de seguridad, destacar el hecho de que un determinado modelo de vehículo nunca se ha visto implicado en un accidente mortal tendrá resonancia. Sin embargo, si el cliente prioriza la rentabilidad, este argumento tiene menos peso.

Esto significa que debes intentar comprender las necesidades individuales de tus clientes con la mayor precisión posible. Así podrás adaptar tu oferta (y cualquier otra forma de comunicación con el cliente) de la mejor manera posible.

Esto nos lleva a las estrategias iniciales que se centran en esta misma cuestión.

Estrategia de oferta nº 1 - Averiguar las necesidades de los clientes

Sin conocer las necesidades de tus clientes (como grupo objetivo) o de tu cliente individual, es imposible atenderlas. Por lo tanto, el paso inicial es identificar estas necesidades.

Principalmente, puedes determinar las necesidades de tu cliente realizando un análisis exhaustivo de las necesidades durante una reunión con el cliente. Esto constituye la base para vender con éxito. Entre otras cosas, la siguiente pregunta resulta adecuada.

Algunos ejemplos en distintas variantes:

- *"¿Qué es lo más importante para ti cuando piensas en tus vacaciones ..."*

- *"A la hora de formar a tus líderes, ¿en qué haces hincapié?".*

- *"¿Cuáles son para ti los factores decisivos a la hora de trabajar con un proveedor de servicios externo?".*

Puedes formular la pregunta sobre las necesidades y motivos de compra del cliente de esta manera o algo similar. Dependiendo de lo satisfactorias que sean las respuestas, en muchos casos también es aconsejable preguntar (varias veces):

- *"¿Y qué más?".*

O incluso profundizar con preguntas como:

- *"¿Y puedo preguntar por qué esto es especialmente importante para ti?".*

- *"Para que me quede claro, ¿por qué haces tanto hincapié en este punto?".*

Las preguntas -en general- son probablemente el instrumento más importante en las ventas. Si quieres profundizar aún más en el apasionante mundo de las técnicas de preguntas psicológicas y aumentar así tu éxito de forma aún más significativa, te recomiendo el libro "Dejar de vender, empezar a preguntar" (https://www.romankmenta.com/shop)

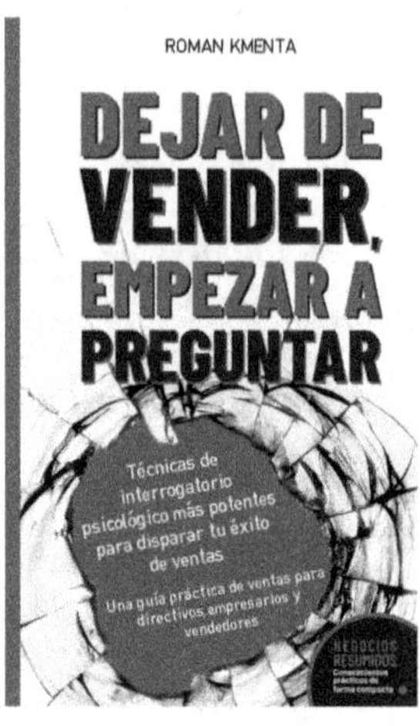

Y cuando consigas que el cliente hable con las preguntas adecuadas, toma nota de los puntos más importantes. Presta especial atención a:

- El orden de las respuestas
  La primera suele ser la más importante.

- La emotividad de las respuestas
  Las respuestas más emotivas también tienen más significado para el cliente.

- Formulaciones especiales, incluso peculiares
  Precisamente son interesantes aquellas formulaciones que no utilizarías tú mismo y que, por lo tanto, probablemente te llaman la atención.

- Palabras y frases repetitivas favoritas del cliente Muchas personas tienen frases que utilizan con frecuencia: présteles atención.

Durante la conversación, toma notas e incorpora estas respuestas -verbatim, si es posible- a tu oferta. Esto hará que el cliente se sienta comprendido y reconocido, con lo que tu oferta será única, personalizada y distinta de los productos genéricos de otros proveedores.

Sin embargo, esto implica que, salvo algunas excepciones, no debe enviar ofertas sin haber mantenido una conversación previa con el cliente. Lamentablemente, este paso suele pasarse por alto en muchas empresas. Aplicar esta estrategia puede resultar complicado debido al gran volumen de ofertas que hay que crear, pero es esencial tenerlo en cuenta: si envías ofertas sin una conversación previa, disminuye considerablemente sus posibilidades de éxito. En muchos casos, incluso puede ahorrarse el esfuerzo.

Estrategia de oferta nº 2 - Ponerse las gafas del cliente

Recuerda siempre que la oferta no trata de tus productos y servicios, ni mucho menos de ti (por duro que suene), sino exclusivamente de tu cliente, sus necesidades y sus ventajas. Existe un gran peligro de que el vendedor escriba en una oferta lo que a él le gusta especialmente o lo que sería un motivo para que comprara.

El cebo debe gustar al pez y no al pescador.

Por lo tanto, pregúntate constantemente:

- ¿Qué obtiene mi cliente?

- ¿Es realmente tu deseo o el mío?

- ¿Lo ofrezco porque creo que es bueno, o es realmente lo que el cliente quiere o necesita?

Presta mucha atención a esto cuando elabore tu oferta y, una vez lista, revísela a fondo teniendo en cuenta estas preguntas. La experiencia (incluida la mía) demuestra que nuestra visión personal del mundo tiende a imponerse, a menudo sin que nos demos cuenta.

Estrategia de oferta nº 3 - Beneficio para el cliente en lugar de sólo características del producto

Especialmente con los productos técnicos y allí donde los productos tienen muchas características o prestaciones, los vendedores tienden a rellenar las ofertas con estas mismas características. MB, MHz, HP, número de airbags, velocidad, grosor de las paredes, valores de aislamiento, normas de cualquier tipo... dependiendo de lo que se venda, existen innumerables características del producto.

Las características del producto pueden o deben incluirse en una oferta o adjuntarse en un apéndice. Pero una característica del producto no es un motivo de compra. Por tanto, convierta las características más importantes del producto en ventajas para el cliente.

- Tras la rehabilitación térmica, la eficiencia energética de tu casa mejorará de la clase F a la clase B. La ventaja para ti es que ahorrará unos 7 euros por metro cuadrado de superficie habitable al año en costos de energía. Calculado para toda tu casa, ahorrará unos 1.500 euros anuales.
(Ventaja para el cliente "Ahorrar costos")

- El sitio web que le ofrecemos está basado en WordPress, el software más utilizado para sitios web con la mayor cantidad de complementos y plugins disponibles. Esto tiene una ventaja para ti: puedes obtener la extensión adecuada para todas tus necesidades futuras con bastante facilidad y, por lo general, a un precio muy económico, lo que te permite responder con flexibilidad a todos los requisitos posibles.
(Ventajas para el cliente: "ahorro de costos", "sencillez" y "flexibilidad").

Podría formular las ventajas de tus ofertas de esta manera o algo similar. Este tipo de formulación se basa en la pregunta planteada en la estrategia anterior: "¿Qué obtiene el cliente?".

LA PRESENTACIÓN DE LA OFERTA

La presentación de la oferta gira en torno a la pregunta ¿Cómo recibe el cliente tu oferta? La pregunta puede parecer trivial, sobre todo teniendo en cuenta que hoy en día las ofertas se envían principalmente por correo electrónico. Sin embargo, hay muchas más posibilidades detrás de ella de las que uno podría considerar en un principio.

De hecho, es un tema que suele cobrar importancia más adelante en el proceso. No obstante, he decidido mencionarlo ahora, ya que la forma de presentar la oferta al cliente influye en los demás temas que trataremos en este libro.

En función de su eficacia, tienes cinco formas de presentar tu oferta a los clientes:

1. Presentación personal de la oferta

2. Por Skype

3. Por teléfono en combinación con correo electrónico

4. Por correo postal

5. Por correo electrónicomail

Estrategia de oferta nº 4 -
Presentea tus ofertas personalmente

Siempre que el tiempo lo permita y el volumen del pedido potencial haga que merezca la pena, presenta tus propuestas en persona en lugar de limitarse a enviarlas.

Esto tiene varias ventajas:

- La carta de oferta ya no es "muda". Puede explicar tu oferta al cliente personalmente.

- Puedes presentarla bien impresa y envuelta en una carpeta a juego (aunque ésta debe ser acorde con tu negocio) para realzarla.

- Observa cómo reacciona el cliente ante la carta de oferta. ¿Se cae de la silla al ver el precio o respira aliviado?

- Puedes responder a cualquier pregunta o resolver objeciones de inmediato.

- Si es necesario, puede cerrar el trato directamente. Esto no es posible si redactas tu oferta y las envía por correo postal o electrónico.

- La probabilidad de conseguir el pedido también aumenta porque demuestras lo importante que es el cliente para ti con tu visita personal y presentándole tu carta de propuesta.

Lo ideal, si es factible, es no enviar la oferta al cliente por adelantado. Si la ve antes de que se la presentes en persona, pierdes algunas de las ventajas que he mencionado.

Cuanto más grande sea la empresa, o más alto sea el precio y mayor la importancia del cliente, más crucial será presentar personalmente la oferta. Especialmente si aún no conoce bien al cliente, es aconsejable buscar el contacto personal durante la presentación de la oferta. Es un medio excelente para profundizar en la conexión. Sobre todo con este tipo de clientes, las posibilidades de éxito aumentan considerablemente.

Otras alternativas de la presentación de oferta

Sin embargo, incluso yo tengo que admitir que las presentaciones personales de ofertas no siempre son factibles y, desde una perspectiva económica, no siempre tienen sentido. Por lo tanto, como se ha mencionado anteriormente, tienes otras opciones disponibles para presentar o enviar tu oferta al cliente.

La presentación de la oferta a través de Skype

Dado que una videoconferencia a través de Skype o una herramienta similar se asemeja mucho a una reunión cara a cara, es la segunda mejor opción. Se puede ver y oír la reacción del cliente, y presentar la oferta página por página o sección por sección es totalmente factible de esta manera.

Esta opción resulta especialmente atractiva cuando los clientes se encuentran lejos. Gracias a la digitalización, que se ha potenciado enormemente durante la crisis de Covid, ahora es absolutamente posible organizar una presentación de oferta con un cliente en una reunión online.

Presentación de ofertas por teléfono.

Si no es posible o no se desea una reunión en línea, puedes presentar tu oferta por teléfono y captar así parcialmente las reacciones de tu cliente. Simultáneamente, puedes enviar la oferta por correo electrónico al cliente. En general, aunque este método no es tan refinado como una reunión en línea, es una alternativa viable y bastante práctica.

Envío de la oferta por correo.

La opción, ahora poco utilizada, de enviar la oferta por correo tiene algunas ventajas, sobre todo en este mundo cada vez más digital:

- Puedes dar a la oferta todo el valor que quieras (papel bonito, carpeta, etc. -más sobre esto más adelante).

- También puedes enviar otras cosas físicas junto con la oferta: una muestra del producto, un pequeño regalo, un catálogo, etc.

- De este modo, cuando tu oferta aparezca junto a las ofertas de la competencia enviadas por correo electrónico e impresas en papel, lo más probable es que destaque positivamente.

A menudo oigo que la gente no elige la vía postal porque los clientes necesitan las ofertas con rapidez. Al mismo tiempo, hay muy pocos sectores o casos empresariales en los que uno o dos días de correo sean realmente relevantes en términos de tiempo.

"El último puede ser el primero."

Además, no siempre es una ventaja que el cliente reciba tu oferta con especial rapidez, quizá incluso el primero. Desde un punto de vista táctico, tu objetivo puede ser incluso que el cliente reciba tu oferta, el último (es decir, no demasiado tarde). Entonces ya tendrá todas las demás ofertas y podrá tomar una decisión. Si eres el primero, cuando intentes cerrar, oirás a menudo que tu cliente debe esperar a otras ofertas antes de decidirse.

Envío de ofertas por correo electrónico.

La última variante de presentación de ofertas, probablemente la más común, pero la menos atractiva, es enviar tus ofertas por correo electrónico. Yo recomendaría ésta si las variantes anteriores no son aplicables por diversas razones.

Algunos clientes también quieren las ofertas en formato digital para que sea más fácil reenviarlas o archivarlas internamente. Si ese es el caso, puedes seguir enviándolo en formato digital, además de la otra variante que hayas elegido.

Sospecho que la razón principal por la que la mayoría de las ofertas se envían por correo electrónico es que pocos han contemplado las otras opciones, con sus respectivas ventajas e inconvenientes. En muchos casos, no hay razón para no adoptar, al menos parcialmente, otros métodos de presentación de ofertas.

ESTRUCTURA DE LA OFERTA

Una vez planteado el tema de la presentación de la oferta, volvamos al principio. Se trata de la estructura, la estructura de tus ofertas.

La base de tu oferta escrita debe ser una estructura de oferta lógica y fácilmente comprensible que cubra todos los posibles puntos y preguntas que tu cliente tenga en mente. Es el marco de tu oferta escrita.

Estrategia de oferta nº 5 - Definir una plantilla estándar

No necesitas reinventar esta estructura para cada una de tus ofertas. Puedes definir una plantilla de formato que luego podrás reutilizar. Esta plantilla no sólo proporciona la estructura, sino que también incorpora muchos de los otros puntos que trataremos más adelante en este libro. Esto te ahorrará un tiempo considerable a la hora de crear tus propuestas escritas.

En la práctica, muchas empresas trabajan con sistemas ERP (sistemas de software que conectan muchas o todas las áreas de una empresa) que también facilitan la creación de ofertas. Aunque este enfoque tiene ciertas ventajas, a menudo restringe su flexibilidad a la hora de diseñar ofertas. A veces, cosas aparentemente sencillas son difíciles de implementar porque requerirían costosas modificaciones del sistema.

Sin embargo, esto no debe servir como razón o excusa para no implementar algunos de los consejos de este libro en tus ofertas. Incluso con sistemas muy estandarizados, suele haber al menos algunas formas de hacer que tus ofertas sean más personalizadas y centradas en el cliente.

La estructura de oferta psicológicamente correcta

La estructura de tus propuestas escritas, incluido el orden en que presenta tu contenido, debe imitar la estructura de un discurso de ventas profesional. Puesto que tu oferta actúa como un vendedor silencioso, debe comportarse como tal.

Estrategia de oferta n.º 6 - Conéctate primero y establece relaciones

Uno de los mayores errores que se ven con frecuencia en las ofertas deficientes (y que también cometen los vendedores débiles) es limitarse a enumerar los componentes del servicio y añadir un precio. Tanto al principio como al final, hay frases cortas y sin sentido que incluso pueden ser sugeridas por el sistema y adoptadas sin reflexión.

Este enfoque puede ser suficiente para una oferta muy breve y muy estandarizada que implique pequeñas cantidades. Sin embargo, para ofertas más complejas y, sobre todo, de mayor envergadura, definitivamente no es suficiente.

Al igual que en una conversación de ventas real, es necesario comprometerse inicialmente y establecer relaciones dentro de la oferta. Puedes lograrlo con la siguiente estructura.

Estructura de una oferta escrita

A continuación encontrarás las partes esenciales de una oferta destinada a vender en el orden correcto desde el punto de vista de la psicología de ventas. Además, puede haber y habrá otros componentes que tu oferta debe o debería contener, dependiendo del sector y del servicio.

Por un lado, puede tratarse de cuestiones jurídicas formales, como los plazos de cancelación o las normas sobre gastos. Por otro lado, también puede ser necesario añadir información muy específica sobre el producto o la empresa en los lugares adecuados.

1. Situación inicial

Describe brevemente (en dos o tres frases) la situación inicial en la que se encuentra tu cliente. Si es posible, aborda los problemas del cliente. Al aumentar la concienciación sobre el problema y señalar claramente las desventajas de la situación actual, aumentan las posibilidades de que tu oferta sea aceptada como solución a sus problemas.

Estrategia de oferta nº 7 - Describir los problemas del cliente

Algunos ejemplos:

- Formación en ventas:
  El personal de ventas realiza entre 10 y 15 llamadas de ventas al día. Existe una gran variación en el número de operaciones cerradas, que oscila entre el 20% de los vendedores más débiles y el 50% de los

mejores. Debido a este bajo rendimiento de algunos vendedores, la empresa pierde ventas por un importe aproximado de 350.000 euros al mes.

- Ventanas:
  La casa recibirá ventanas nuevas como parte de una reforma térmica integral. Las viejas ventanas, parcialmente agujereadas, suponen un gasto adicional en calefacción de varios cientos de euros al año.

- Campaña publicitaria:
  El nuevo modelo XY, con la innovadora tecnología Z, se presenta a principios de diciembre. El lanzamiento del modelo se ha pospuesto dos veces. Como consecuencia, hay mucha presión a corto plazo para que tenga éxito.

Podría leerse así o algo parecido. De este modo, te limitas a tomar la información que el cliente te ha facilitado en el curso del análisis de las necesidades y a plasmarla en tu oferta, a ser posible incluso -como ya se ha dicho- con las palabras del cliente.

El objetivo no es proporcionar al cliente información nueva, sino recoger las primeras JA. El cliente debe pensar: *"Me ha escuchado y me ha entendido."*

2. Objetivos

En el siguiente paso se formulan los objetivos que persigue el cliente con su posible compra o proyecto. ¿Qué quiere conseguir? También ha obtenido esta información en el análisis de necesidades.

Estrategia de oferta nº 8 - Incluye los objetivos específicos del cliente en tu oferta.

Algunos ejemplos:

- Formación en ventas: El objetivo que persigue con esta medida es aumentar la tasa de cierre en un 20% y, por tanto, incrementar sus ventas a una media de 1.000 euros por vendedor y día.

- Ventanas: La instalación de las nuevas ventanas debería suponer un ahorro adicional de 300 euros en calefacción al año.

- Campaña publicitaria: Mediante la campaña planificada, el conocimiento del nuevo modelo en el grupo objetivo debería alcanzar el 50% en dos meses.

Formula estos objetivos de la forma más concreta posible y, sobre todo, basándote en los beneficios para el cliente (como se ha descrito anteriormente).

3. conceptos, productos, servicios

Ahora es el momento de presentar tus conceptos, tus productos o servicios que representan la solución a los problemas del cliente y con los que éste puede y quiere alcanzar sus objetivos. Puedes hacerlo -dependiendo de lo que ofrezcas- en dos pasos:

- Resumen del concepto

- Enumerar los componentes específicos de los productos o servicios con los beneficios individuales para el cliente.

Estrategia de oferta nº 9 -
No demasiados detalles en la oferta

Entre tus clientes, habrá individuos muy orientados a los detalles y otros para los que una visión general con la información más esencial es perfectamente suficiente. Tu oferta debe dirigirse a ambos tipos. ¿Qué debes hacer?

Sé tan detallado como sea necesario, pero evita complejidades innecesarias. Tu oferta no debe convertirse en un cementerio de cifras y datos. Para las ofertas con abundante información detallada, una solución ideal es ofrecer un resumen con los detalles más cruciales dentro de la propia oferta. Adjunta toda la información adicional -para los interesados- a la oferta como documento aparte.

4. precios

A la hora de fijar el precio de tus servicios o productos, hay que tener en cuenta algunas cosas o plantearse algunas preguntas.

Precios por paquete o precios unitarios

¿Debes incluir en tu oferta un precio unitario por cada componente individual del servicio o no? La posible respuesta correcta a esta pregunta también está vinculada a la naturaleza de tus servicios parciales.

- Para los servicios parciales que pueden venderse individualmente, debes indicar precios detallados.

- Si sólo puede adquirirse el paquete completo, no indiques el precio.

- Si quieres destacar precios detallados individuales, especialmente favorables, puede o debe indicarlos.

- Si quieres evitar discusiones separadas sobre los precios de partes de tu oferta (en lugar de sólo el precio total), no debe enumerarlos.

Estrategia de oferta nº 10 -
Ofrecer precios de paquetes

Soy partidario de ofrecer paquetes de precios siempre que sea posible y tenga sentido. Los paquetes pueden ser más de lo mismo (una tarjeta para diez en el gimnasio) o, mejor aún, la combinación de una amplia variedad de productos y servicios (analógicos y digitales) en un solo paquete. Los precios de los paquetes tienen las siguientes ventajas

- Tu oferta es más difícil de comparar con las de tus competidores. Evitar la comparabilidad es básicamente positivo, sobre todo si tu oferta -comparada 1:1- no es la más barata.

- Te resultará más fácil vender más. Para vender un paquete, sólo necesitas un único SÍ. El cliente tiene que decir SÍ varias veces para el modelo básico más varias funciones adicionales que tu ofreces individualmente.

En algunos sectores, los precios por paquete son habituales, como en los viajes, los automóviles (para paquetes de equipamiento) o las cocinas (para muebles, electrodomésticos, desmontaje, eliminación e instalación). Sin embargo, merece la pena considerar este enfoque sobre todo en sectores en los que las ofertas de paquetes son menos habituales o no se utilizan en absoluto, ya que puede diferenciarte de tus competidores. ¿Qué paquetes podría montar para sus clientes?

Estrategia de oferta nº 11 - Da al precio su propia página

Especialmente si piensas presentar tu oferta al cliente en persona, deberías sacrificar otra hoja y dar al precio, especialmente al precio final, su propia página. ¿Por qué?

Si estás sentado con el cliente, repasando la oferta con él, y mientras le sigues explicando los componentes del servicio, el precio ya está visible en la parte inferior de la misma página... ¿Dónde estará la atención del cliente?

Exacto, ¡en el precio! Pero en lugar de eso, debería estar pensando en las ventajas que le estás explicando. Si envías la oferta por correo postal o electrónico, este efecto carece de importancia porque, de todos modos, no tienes control sobre la forma en que tu cliente lee la oferta. Al mismo tiempo, no está de más hacerlo así de todos modos.

Estrategia de oferta nº 12 - Calcula el ahorro

Si hay algún tipo de ahorro para el cliente como parte de tu oferta -un descuento, una bonificación, un crédito, un precio especial, etc. - asegúrate de destacar ese ahorro.

Aquí se aplica la regla psicológica:

- Enumera el ahorro en forma de porcentaje para importes pequeños (por ejemplo, menos de 100 euros).
  - Se ahorra un 20%.
- Para cantidades más grandes, es mejor utilizar cantidades absolutas.
  - Su ahorro es de 350 euros.

¿Por qué? - Muy sencillo. Para un producto de diez euros, dos euros de ahorro no parecen tanto como un 20 por ciento. Para un proyecto de 250.000 euros, dos por ciento no suena a mucho, pero 5.000 euros es realmente mucho dinero.

Estrategia de oferta nº 13 -
Poner precio a los productos gratuitos

Si das algo gratis como parte de la oferta, debes ponerle un precio. Ya lo dice un viejo proverbio:

"Lo que no cuesta nada no vale nada".

Aunque nunca vendas este producto gratuito sino que siempre lo regales, debes tener un precio. Sobre todo si sólo regalas este producto, puedes ser un poco más generoso con el precio ficticio. Con este precio, creas un valor adicional a partir del producto gratuito y mejora así tu oferta.

5. Beneficio

Inmediatamente después de los precios, resuma de nuevo en tu oferta el beneficio o beneficios principales para el cliente.

Algunos ejemplos

- Formación en ventas:
  Con esta oferta, puedes estar seguro de que haz dado pasos importantes para aumentar significativamente las tasas de cierre en su equipo de ventas. De este modo, se han sentado las bases para el crecimiento de las ventas que tu pretendes.
  (Ventaja: "Seguridad" y "Crecimiento")

- Coche:
  Con este vehículo, nunca más se enfrentará al problema de no poder acomodar todo para las vacaciones familiares.
  (Ventaja: "evitar problemas" y "comodidad").

6. validez de la oferta

La validez de la oferta es, por supuesto, algo que debería o incluso debe indicarse en la mayoría de las ofertas por motivos legales y formales. Podría haber cambios en los costos, lo que posteriormente podría dar lugar a precios más altos. Por lo tanto, el proveedor debe mantener cierta flexibilidad y no estar vinculado a tu oferta indefinidamente.

Pero más allá de este simple propósito, la validez de la oferta también tiene un trasfondo psicológico de venta. Tiene que ver con una palanca psicológica: la escasez. Esta afirma que las cosas que son más escasas, más raras, cosas que no todo el mundo puede tener siempre, se vuelven más valiosas.

Estrategia de oferta nº 14 - Acorta tu oferta

La escasez puede lograrse de diferentes maneras. Aparte de los casos en que el producto o servicio es realmente escaso - algo de lo que sólo hay una cierta cantidad, tal vez incluso una sola pieza o unidad-, los productos y servicios pueden ser artificialmente escasos.

También puedes aprovechar esta ventaja para tus ofertas acortando la validez de las mismas. Puedes hacerlo de dos formas principales:

- Escasez temporal (la variante estándar)
  - La oferta es válida hasta ....

- Reducción cuantitativa
  - Sólo hay tres disponibles.
  - "Hasta agotar existencias".

Por supuesto, esto debe hacerse con sensibilidad y no será igualmente aplicable en todos los sectores. También es importante tener una justificación sensata para ello, especialmente en el caso de una validez de la oferta especialmente corta. Esto aumentará la credibilidad de su escasez. Tales razones podrían ser, por ejemplo

- Subidas de precios previstas: Pueden ser un auténtico turbo para tu proceso de ventas. Los clientes suelen decidirse mucho más rápido en estos casos para seguir asegurándose el precio anterior.

- Aumentos de costos posibles o previsibles.

- Recursos escasos: Sólo dispones de determinados recursos (por ejemplo, capacidades de producción) y debes asignarlos a otros clientes si éste no se decide rápidamente.

Esta estrategia se emplea con frecuencia en ventas y marketing. Como consecuencia, muchos clientes están familiarizados con ella y entienden la intención que hay detrás. Curiosamente, a pesar de esta conciencia, la escasez suele seguir teniendo su efecto psicológico, como observo repetidamente en mí mismo. Muchos estudios de psicología del comportamiento también han demostrado sistemáticamente este efecto y su eficacia.

La escasez ejerce cierta presión sobre el cliente interesado en tu oferta. Aumenta la probabilidad de que se decida a favor de tu oferta, o de que lo haga más rápidamente. En el caso de la escasez de tiempo -una táctica habitual en las ofertas online- se observa repetidamente que muchos clientes realizan su compra justo antes de que expire la oferta.

7. Pasos siguientes

Al final de tu oferta, también debes aconsejar al cliente sobre los siguientes pasos, desde su perspectiva. A muchos vendedores les parece obvio que el cliente debe realizar una compra, pero ¿es realmente necesario indicarlo o escribirlo? Por supuesto que sí.

La experiencia demuestra que la inercia de la toma de decisiones humana requiere instrucciones explícitas sobre lo que hay que hacer. En términos técnicos, esto se denomina "llamada a la acción" (CTA). Siempre sorprende el impacto que puede tener una CTA en los índices de pedidos.

En las ofertas online, se trabaja mucho con las CTA y se realizan muchas pruebas y comparaciones (algo muy fácil, factible y evaluable con precisión en los procesos de compra online). Entre otros muchos elementos y características -como los colores, la posición y el tamaño de los botones de compra-, la redacción de la CTA tiene un efecto significativo en el éxito.

Estrategia de oferta nº 15 - Formular una llamada a la acción (CTA)

La regla aquí es ser audaz y directo: "Haz clic aquí ahora". Si aplicamos estas conclusiones a una oferta física y escrita en forma de carta o presentación (en la que no hay botones de compra), esto significa que le decimos al cliente -como ya hemos mencionado- lo que esperamos de él ahora.

Al fin y al cabo, un vendedor humano debería hacer eso en una llamada de ventas. Como ya hemos dicho, una oferta eficaz se corresponde en muchos aspectos con una charla de ventas profesional y exitosa.

Ejemplos de llamadas a la acción:

- Asegurar estos beneficios de esta oferta mejor hoy y me llaman a XYZ. (También, aquí para hacer un poco de presión de tiempo suave no está mal).

- Estamos encantados de poder llevar a cabo este proyecto contigo. Si piensas lo mismo, firme y devuélvanos esta carta de oferta.

- Asegura tu plaza y confirma mejor esta oferta de inmediato. (La escasez de cantidad es una palanca eficaz en psicología de ventas).

Sea cual sea la formulación de su CTA, no envíes ni presentes una oferta sin indicar al cliente los pasos siguientes y qué es exactamente lo que esperas que hagas.

Resumen

Volvamos a resumir brevemente la estructura de tu oferta en aras de la claridad:

1. Situación inicial

2. Objetivos

3. Conceptos, productos, servicios

4. Precios

5. Beneficios

6. Validez de la oferta

7. Próximos pasos / CTA

Los puntos tratados representan una estructura básica que puede aplicarse eficazmente a las ofertas de la mayoría de los sectores. Sin embargo, en tu caso concreto, es posible que estos no abarquen todo lo que deseas o incluso necesitas incorporar a tu propuesta. Cualquier elemento adicional específico de la empresa, el producto o el servicio que deba incluirse deberá estudiarse detenidamente e insertarse en los lugares donde tenga más sentido desde el punto de vista de la psicología de ventas o sea menos perturbador. Esto no tiene por qué ser necesariamente dentro de la propia propuesta. A menudo es mejor colocar estos aspectos en un apéndice (por ejemplo, términos y condiciones, descripciones de productos, etc.).

Si ahora reconoces que esta estructura no se ajusta a tus ofertas actuales, no significa que no pueda utilizarse para tus fines. Todo lo contrario. La razón para leer un libro como éste (al menos eso es lo que supongo) es, en última instancia, instigar el cambio, en lugar de limitarse a validar lo que ya sabes o haces.

REPRESENTACIÓN

La estructura de tu oferta, de la que acabamos de hablar, es la base de todo lo demás. La presentación, el tema de este capítulo, trata principalmente de la implementación visual dentro de la estructura.

El objetivo principal de las siguientes estrategias y consejos es hacer que tu propuesta sea más accesible y fácil de entender para el cliente. En los últimos años, la capacidad de atención de las personas se ha acortado considerablemente. Hemos olvidado cómo concentrarnos al leer textos más largos, lo que no es de extrañar si tenemos en cuenta las horas que pasamos cada día en las redes sociales practicando el arte de la comunicación muy abreviada, aunque sea sin querer.

Por lo tanto, tu propuesta debe alinearse con esta tendencia, consistiendo en unidades de información breves y digeribles. Por supuesto, habrá sectores en los que esto sea fácil de conseguir y otros en los que la tarea parezca ardua, si no imposible (para soluciones técnicas complejas, por ejemplo). Pero es precisamente en estos escenarios más difíciles donde hacer comprensible la propuesta se hace especialmente importante y necesario.

En ámbitos muy técnicos, por ejemplo, las propuestas suelen ser elaboradas por expertos para expertos. Este enfoque funciona hasta cierto punto, pero ¿qué ocurre cuando uno o varios de los responsables de la toma de decisiones no están bien versados en la materia (como el departamento de compras o el nivel directivo por encima de su punto de contacto)? Al fin y al cabo, estas son las personas a las que hay que convencer de tu propuesta y tomar una decisión a favor de ella.

Estrategia de oferta nº 16 - Diseñar un diseño

Antes de entrar en detalles, hay que abordar un punto importante. La mayoría de las propuestas son bastante escuetas, escritas apresuradamente en Word, o -peor aún- son el resultado de un programa informático de presupuestos o, como ya se ha dicho, de un sistema ERP, sobre todo en el ámbito técnico.

A menudo oigo a clientes que utilizan este tipo de software decir que, aunque mis consejos son válidos, no se pueden aplicar con su software. Me parece desconcertante esta falta de comprensión. El software debe ayudarte a crear mejores propuestas, no limitar tu creatividad y diseño.

El problema reside en el hecho de que este tipo de software está desarrollado principalmente por técnicos y programado-res, no por vendedores o personas con conocimientos de marketing y psicología de ventas, por no hablar de un don para los gráficos. Por lo tanto, estas plantillas estándar suelen dejar mucho que desear.

Al fin y al cabo, quieres (y debes) utilizar tu plantilla a menudo, así que aquí sí que puede invertir un poco de creatividad y también dinero. Si no lo es, te recomiendo que contrates a un diseñador gráfico que trabaje contigo para desarrollar un diseño óptimo para tus ofertas.

Esto concierne:

- Formato: apaisado, vertical, cuadrado, etc,

- Fuentes (estilo y legibilidad) para el cuerpo del texto y los títulos,

- Tamaño de letra,

- Colores,

- Marco,

- Fondos,

- Gráficos e imágenes estándar.images.

El objetivo es asegurarse de que tu plantilla

- Tienen un aspecto de alta calidad,

- se adapta a tu sector y a tus productos,

- se adapta a tus clientes,

- es flexiblemente adaptable,

- es fácil de procesar o rellenar.

La peor opción y la más costosa es rediseñar tu oferta cada vez.

Estrategia de oferta nº 17 -
Elige un tipo de letra más grande

Elige para tus propuestas un tipo de letra ligeramente más grande de lo habitual, sobre todo para las secciones que requieren una lectura atenta. Esto puede hacer que tu propuesta sea ligeramente más larga, pero no debería ser una preocupación.

El tamaño de la letra es crucial, sobre todo si tus clientes son de edad avanzada, ya que afecta significativamente a la comodidad y, por tanto, a la disposición con que se lee tu propuesta. Yo mismo evito leer textos con fuentes pequeñas, en parte porque me niego a llevar gafas de lectura.

¿Qué tamaño es suficiente? Depende del formato que utilices. Para las propuestas en formato apaisado de PowerPoint (similar a una presentación), utilizo un tipo de letra de 16 puntos para el cuerpo del texto y de 18-20 puntos para los títulos. Sin embargo, para una presentación en directo ante clientes, en la que proyectas el contenido en una pared mediante un proyector, estos tamaños serían insuficientes. En estos casos, yo no utilizaría un tipo de letra inferior a 24 puntos.

En tales presentaciones, observo con frecuencia el uso de fuentes de 10 o 12 puntos, y los presentadores suelen disculparse por el texto pequeño y potencialmente difícil de leer. Esto se debe a la dificultad de eliminar la información superflua y centrarse en lo esencial. Sin embargo, en situaciones de presentación, este enfoque es un criterio crucial para el éxito. Los detalles siempre pueden distribuirse en forma de folleto, después de la presentación (para evitar que los asistentes los hojeen mientras tu hablas).

Para una propuesta en formato de carta de Word, un tipo de letra de 16 puntos es excesivo. Sin embargo, yo sugeriría utilizar al menos una fuente de 12 puntos, o incluso de 14 puntos, para el cuerpo del texto y de 14 o 16 puntos para los títulos.

A fin de cuentas, el tamaño de la fuente entre comillas es un detalle fácil de abordar, pero significativo.

Estrategia de oferta nº 18 - Formular frases cortas

Como ya hemos dicho, todos estamos acostumbrados a leer frases cortas. Cuanto más largas, más difíciles de leer y entender.

Empieza escribiendo tu propuesta sin preocuparse por la longitud de las frases. Luego, en una revisión posterior, comprueba la longitud de las frases y acórtalas cuando sea necesario. En el caso más sencillo, puede transformar una frase más larga en dos más cortas.

La longitud de las frases es un criterio importante para la comprensión del texto, pero dista mucho de ser el único. Hay expertos que estudian científicamente la comprensión de textos. Aunque no hay que profundizar tanto, utilizar frases más cortas ya es un muy buen comienzo.

Sin embargo, lo que puedes hacer es utilizar una herramienta de IA como chatGPD para comprobar uno de tus textos de vez en cuando y así seguir recibiendo feedback sobre tu estilo de escritura en términos de legibilidad. Con el paso del tiempo, este feedback te ayudará a escribir textos más fáciles de entender y leer. Por supuesto, también puedes utilizar la IA para escribir un texto con frases más cortas

Estrategia de oferta nº 19 - Utilice viñetas y listas

Algo que puede mejorar mucho la legibilidad de tus propuestas es el uso de viñetas y listas. En lugar de incluir la información en párrafos (lo cual es aceptable en algunos casos), considera la posibilidad de organizarla en forma de viñetas o listas.

Se puede mejorar con elementos gráficos, por ejemplo, encapsulando la lista en una tabla enmarcada. Estos elementos también deben tenerse en cuenta al planificar el diseño gráfico de toda la propuesta y deben incorporarse desde el principio.

Estrategia de oferta nº 20 - Conseguir más ventas

Muchos textos de propuestas (así como otras formas de texto en general) adolecen de párrafos demasiado largos. Acostúmbrate a construir párrafos más cortos. Intenta insertar un nuevo párrafo cada dos o tres frases (o líneas). Esto mejora enormemente la legibilidad.

Estrategia de oferta nº 21 -
Haz subtítulos

Si haces más párrafos, puedes mejorar aún más el efecto añadiendo uno o dos subtítulos. Cuando haya terminado de redactar tu oferta, léala de nuevo y comprueba conscientemente estos dos puntos: los párrafos y los subtítulos.

Estrategia de oferta nº 22 -
Utilizar gráficos e imágenes

"¡Una imagen vale más que mil palabras!". Este viejo adagio sigue siendo válido, incluso cuando se trata de sus propuestas. Sobre todo en el caso de productos y servicios muy técnicos que requieren una explicación, las imágenes y los gráficos pueden hacer maravillas.

Por supuesto, las imágenes pueden representar tus productos o tus detalles, lo que tiene sentido en muchas situaciones. Al mismo tiempo, puede haber cosas que quiera vender que no sean tan sencillas de representar en una imagen: servicios y conceptos, por ejemplo. En consecuencia, es beneficioso tener una colección de imágenes, sobre todo aquellas que no muestran necesariamente productos, sino que realzan visualmente lo que se quiere comunicar.

Estas imágenes pueden ser

- Imágenes de productos,

- Imágenes de detalles de productos (especialmente importantes),

- Imágenes de las personas/empleados que ponen en práctica sus prestaciones,

- Gráficos que aclaren procesos, cifras, estadísticas, etc,

- Imágenes de clientes satisfechos (en el contexto de declaraciones testimoniales),

- Imágenes o incluso gráficos que simbolicen la parte de la oferta de la que se está hablando,

  o Los objetivos, la situación inicial, la inversión, etc,

- Imágenes de tus instalaciones de producción, plantas o pasos individuales de producción.

Ten en cuenta que la emoción también debe transmitirse con las imágenes. Y sí, esto también es posible en áreas técnicas.

Estrategia de oferta nº 23 - Utiliza los colores y la disposición del texto con estilo

Aunque los colores, los tipos de letra diferentes, el subrayado, el texto en negrita, etc., pueden mejorar la legibilidad y el impacto de tu oferta, también es fácil exagerar. Demasiado de ello rápidamente parece kitsch, barato y devalúa.

Por lo tanto, en el diseño estándar que hagas con el diseñador gráfico de su elección, define también cuánto y qué de ello está bien y qué es demasiado de algo bueno.

Todas estas opciones para diseñar tus propuestas son fundamentalmente fáciles de poner en práctica, pero a menudo se pasan por alto. Sin embargo, si las empleas, tu propuesta destacará visualmente de forma positiva sobre las ofertas de tus competidores, pareciendo no sólo más profesional, sino también más atractiva.

PERSONALIZACIÓN

Vivimos en una época en la que los clientes ansían la personalización. Hay pocos productos que no hayan adoptado esta tendencia hacia la personalización. Incluso su coche -un producto que antes se consideraba muy estandarizado- puede ahora personalizarse a su gusto y configurarse en línea. Esta tendencia se conoce como personalización masiva.

Por tanto, es lógico que tus propuestas también den al cliente la impresión de haber sido elaboradas especialmente para él. Con unos sencillos trucos y estrategias, esto puede conseguirse fácilmente y en poco tiempo. No hace falta reinventar la propuesta cada vez.

La personalización tiene, más concretamente, dos aspectos.

- Por un lado, se trata de adaptar la oferta al cliente en la medida de lo posible, no sólo en cuanto al contenido, sino también formalmente.

- Por otro lado, también debe expresar que tú personalmente haz puesto mucho esfuerzo en redactar esta oferta para el cliente.

Estrategia de oferta nº 24 - Utilizar el logotipo del cliente

Empecemos con algo sencillo: Si tus clientes son empresas, incorpora tus logotipos en tus propuestas. Ya he visto esta táctica implementada en muchas propuestas. Sin embargo, tenga cuidado: asegúrate de investigar y utilizar el logotipo más actual. Utilizar un logotipo anticuado, como me ha ocurrido a mí, puede ser embarazoso.

En el caso de particulares como clientes, podría convertir el nombre (véase la siguiente estrategia) en una especie de logotipo. Esto también es fácil de implementar gráficamente y, sobre todo, de estandarizar.

Estrategia de oferta nº 25 - Utilizar el nombre del cliente

¿Qué es lo que más le gusta oír o leer a la gente? Su propio nombre. ¿Qué es lo segundo que más les gusta? Su propio nombre. ¿Y tercero? Exacto: ¡su propio nombre!

Puede parecer un poco exagerado, pero creo que hay estudios que lo corroboran. Pero incluso sin estudios, puedes comprobarlo tú mismo. ¿Cómo te sientes cuando entras en un restaurante al que vas habitualmente y te saludan por tu nombre? Se siente bien, ¿verdad?

Ahora imagínate que entras en una tienda que visitas con poca frecuencia, quizá tres veces al año, y te saludan por tu nombre (a mí me pasó en una zapatería, y todavía no sé cómo se acordó). Es fantástico, aunque un poco inquietante en la era de la DSGVO.

Incorpora de vez en cuando el nombre del cliente (si es un particular) o el de la empresa (para situaciones B2B) en tus ofertas. Es imprescindible en la carta de presentación (si utilizas una aparte), pero sin duda también en la propia oferta, siempre que quepa.

Estrategia de oferta nº 26 - Dirija el beneficio del cliente

A riesgo de repetirme (ya que tratamos este tema al principio del libro), debo insistir en que es muy importante: incorpora los beneficios, clave para el cliente en tu oferta siempre que sea posible.

Repasa de nuevo la oferta y comprueba si lo has hecho o dónde puedes formular los beneficios para el cliente con más fuerza en la oferta. Sé por experiencia propia que es muy fácil caer en la simple enumeración de las características del producto o servicio y perder de vista las ventajas para el cliente.

Estrategia de oferta nº 27 - Firmar en persona

Una firma manuscrita añade un toque personal a tu oferta. Lo ideal es que, si imprimas la oferta y la envías por correo, por ejemplo, lleva una firma real tuya.

Si quieres añadir un toque de elegancia y hacer que tu firma sea aún más única, utiliza una pluma estilográfica. Aporta estilo y parece más personal. Aunque la diferencia con un bolígrafo puede ser sutil, uno puede discernir cuando una oferta ha sido firmada con una pluma estilográfica. Considera la posibilidad de utilizar una estilográfica con una punta ligeramente más ancha para conseguir un efecto más atractivo. Es preferible firmar en azul oscuro o verde para destacar aún más.

Si envías la oferta electrónicamente, escanee tu firma (escrita con pluma estilográfica). Utiliza un color diferente, como el azul o el verde, para que la firma parezca más auténtica. Las firmas negras suelen parecer copiadas.

Por cierto, nada de firmas i. V. (por poder). Al hacerlo, no estás diciendo otra cosa que: "Querido cliente, no eres lo suficientemente importante para mí, así que haré que un subordinado firme este documento, y así tendré más tiempo para dedicar a la gente realmente importante." Y eso -sospecho- no es lo que tú quieres comunicar. Por lo tanto, absténgate de utilizar esta opción a menos que sea necesario por alguna razón.

Estrategia de oferta nº 28 - Utilice Post-it

Si quieres añadir otro toque personal a tu oferta, utiliza Post-its o herramientas similares para marcarla. Especialmente cuando muchas ofertas están estandarizadas y automatizadas, esto hará que la tuya destaque y se diferencie de las ofertas de sus competidores.

Por mucha profesionalidad que busques en tu oferta, puedes hacerla más humana y, por tanto, más simpática si marcas un punto en particular (Post-it con una flecha o una nota) o deja una nota personal.

Esto puede hacerse fácilmente con una oferta impresa. Pero también es posible con una presentada digitalmente. Imprime la oferta, haz tus anotaciones en ella (incluso con post-its si quieres), vuelve a escanear la oferta y envía la versión escaneada. Estoy seguro de que ninguno de tus competidores lo hará.

Estrategia de oferta nº 29 - Incluya presupuestos

Puede que esta estrategia de citas no sea de aplicación universal, pero puede utilizarse eficazmente en el contexto adecuado. Mediante el uso de citas, puede enfatizar y destacar argumentos clave, características del producto, ventajas para el cliente y, en general, cualquier afirmación que sea importante para ti. Las citas son un medio eficaz para añadir un toque emocional a tus ofertas.

Por ejemplo, puedes utilizar citas que se ajusten adecuadamente a una sección concreta de la oferta. Así es como yo personalmente utilizo las citas en la plantilla estándar de mis ofertas.

Ejemplos de ello son mis ofertas para medidas de formación continua en empresas:

- Objetivos
  "El éxito no se mide por metas, sino por la mejora continua". - Tiger Woods.

- Concepto y aplicación
  "¡El éxito es el resultado de una buena preparación, del trabajo duro y de aprender del fracaso!". - Colin Powell.

- Precio

  "Una inversión en conocimiento sigue dando los mayores beneficios". – Benjamin Franklin.

¿Qué partes y mensajes de tus ofertas podrías destacar y reforzar con citas? Crea una colección de citas que encajen bien contigo. Luego puedes utilizarlas -no solo- para tus ofertas.

Las emociones marcan la diferencia y añaden valor.

Como ya hemos dicho, los proveedores, sobre todo los de sectores técnicos, tienden a llenar sus ofertas escritas con hechos, cifras y datos. Si elaboras tus ofertas de esta manera, estás empujando involuntariamente a tus clientes a centrarse en el precio como único factor diferenciador, asumiendo que las calidades y cantidades son las mismas. Este enfoque sólo tiene sentido si eres la opción más barata.

Empleando muchas de las estrategias que hemos comentado hasta ahora (destacar las ventajas para el cliente, utilizar imágenes, incorporar citas, etc.), y algunas más que comentaremos más adelante, puede inyectar más emoción a tu oferta. Utiliza todos los métodos posibles para hacer que tus ofertas sean más atractivas emocionalmente. Este enfoque no sólo te diferenciará de otros proveedores, sino que también aumentará el valor de tu oferta.

TEXTO Y PALABRAS

Las palabras que utilizas en tus propuestas influyen enormemente en la percepción de valor de tus clientes. Esto implica utilizar las palabras correctas y adecuadas que sean capaces de crear imágenes más vívidas, agradables y expansivas en la mente de tus clientes.

Por otro lado, el número de palabras utilizadas también marca la diferencia en la percepción del valor.

Estrategia de oferta nº 30 - Crear valor con más palabras

De entrada, esta estrategia no consiste simplemente en producir mucho texto. Eso sólo daría como resultado un desierto de texto ilegible.

En tus propuestas, haz exactamente lo que los mejores restauradores llevan años haciendo. ¿Qué es lo que hacen? Son maestros en el uso de las palabras adecuadas para hacer que sus comidas y bebidas parezcan mucho más valiosas.

Vivo en Bad Vöslau, una región vinícola al sur de Viena. Aquí, los vinicultores no son sólo productores de vino, sino también hosteleros. Como los llamados "Heurige", "abren" cada pocas semanas durante algo menos de dos semanas. Para los lectores de Alemania o Suiza que no estén familiarizados con este tipo de posada, "abrir" implica estar disponible para servir a los huéspedes.

Aquí se puede disfrutar del vino y la comida en un ambiente encantador, humilde y a precios muy razonables. El "Schnitzel" -de cerdo o pollo- cuesta entre seis y ocho euros en el Heuriger, y suele ser grande y muy sabroso.

Pero, ¿qué pasaría si pidiera el mismo "schnitzel" (de cerdo, no de ternera) en un restaurante de categoría? ¿Cuánto cobrarían allí? ¿20 euros, 25 euros o incluso más?

Nos parecería muy extraño que en el menú de un restaurante de dos o tres estrellas pusieran simplemente "Schnitzel de cerdo". No estaríamos dispuestos a gastarnos 25 euros por eso, ¿verdad? El restaurador tendría que esforzarse más y ejercitar sus dotes de escritor creativo.

Se podría utilizar una descripción como "Jugoso Schnitzel vienés de cerdo joven ecológico de Estiria procedente de nuestra propia matanza de luna llena" o algo similar. Déjate llevar y decidir tú mismo. ¿Ha aumentado el valor del schnitzel?

"Las palabras crean valor".

Por supuesto, la descripción elocuente de los alimentos no es la única palanca que utilizan los restaurantes de alta gama, pero es una importante, en mi opinión. Y se puede utilizar en todos los sectores.

Algunos ejemplos:

Una empresa industrial puede nombrar un material, por ejemplo:

- Plástico

- Plástico especial

- Plástico especial resistente a la abrasión

- Plástico de alta tecnología resistente a la abrasión

- Plástico de alta tecnología extremadamente resistente a la abrasión

- Plástico de alta tecnología extremadamente resistente a la abrasión procedente de la investigación espacial

O un proveedor de servicios que da charlas y conferencias como yo podría denominarlas así:

- Una conferencia

- Una conferencia inspiradora

- Una conferencia enormemente inspiradora

- Una conferencia enormemente inspiradora y aguda

- Una conferencia enormemente inspiradora y notable-mente aguda

- Una conferencia enormemente inspiradora, notable-mente aguda y humorística

- Una conferencia enormemente inspiradora, notable-mente aguda y extremadamente humorística

Decide tú mismo hasta qué punto es significativa la diferencia de efecto. Nunca podremos determinar con exactitud cuánto más valiosa se vuelve tu oferta en la mente de tu cliente mediante el uso específico de esta estrategia, ya que no podemos ver dentro de su cabeza. Sin embargo, el sentido común sugiere que el valor efectivamente aumenta.

Estrategia de oferta nº 31 - Crear valor con palabras más elegantes y poderosas

La segunda parte de la "estrategia de la palabra" consiste en utilizar palabras más atractivas, elaboradas y potentes, palabras que generen imágenes más grandes y atractivas en la mente de sus clientes.

Especialmente en las regiones de habla alemana, a menudo tengo la sensación de que la gama de formas de expresar algo no está ni siquiera agotada. Sin embargo, la lengua alemana es rica en palabras.

Los lingüistas estiman que el vocabulario estándar consta de unas 500.000 palabras (otras estimaciones citan varios millones, dependiendo de lo que se incluya). La parte que se utiliza activamente es sólo una pequeña fracción de esa cifra, lo que indica que tenemos potencial para escribir ofertas más elocuentes.

Los estadounidenses, por ejemplo, nos llevan mucha ventaja en este aspecto (y no sólo porque la lengua inglesa posea probablemente aún más palabras que la alemana).

Mientras que en las zonas de habla alemana describimos algo como "bonito" y "bueno", llegando ocasionalmente a "muy bueno" o "estupendo", los estadounidenses suelen ser más elocuentes y emotivos.

"Cuando un "muy bien" cruza los labios de un germanohablante,
ya es un extraordinario arrebato de emoción!"

En Estados Unidos se oye *"Awesome"* con bastante frecuencia, pero también *"extraordinary"*, "sensational", "tremendous", *"terrific"* y *"gorgeous"* salen con la misma facilidad de los labios de los Amis.

Los estadounidenses tienden a ser mucho más entusiastas que nosotros en este país y son más propensos a utilizar superlativos, no sólo en su elección de palabras.

¡Típicamente americano! ... Pero aquí funciona igual

Como ya he dicho, en alemán también tenemos esas palabras, sólo que las utilizamos con menos frecuencia y con más moderación. Por supuesto, hay excepciones positivas. Escritores, literatos, pero también redactores publicitarios profesionales, por ejemplo.

Difícilmente una empresa de marca lanzará un nuevo producto al mercado y lo anunciará como un "nuevo modelo muy bueno". Aprovechan todo su potencial, y además funciona en este país (para evitar las voces que dicen que esto es demasiado americano e intransferible a Europa).

Adjetivos - EL medio para aumentar el valor

Los adjetivos (palabras de propiedad) son especialmente adecuados para añadir valor. Por ejemplo, ¿en qué podemos pensar en lugar de "bueno"? ... Y enseguida dejamos de lado las expresiones comunes en alemán como "super" o "peaje":

excepcional, sobresaliente, exitoso, excelente, óptimo, eficaz, útil, al grano, ideal, especial, extraordinario, impresionante, significativo, asombroso, fabuloso, fabuloso, fantástico, encantador, encantador, genial, grandioso, extraordinario, sobresaliente, eficiente, eficaz, excelente, grande, brillante, fantástico, de clase mundial, sobrenatural, radiante, gigantesco, extraterrestre, mítico, divino, (inter)galáctico, fabuloso, el quemador, takko, (desafortunadamente) asombroso, fenomenal, electrizante, excelente, sabroso, delicado, chispeante, nítido, puntiagudo, inteligente, sexy, listo, de gran calidad, acertado, inspirador, caliente, genial, notable, maravilloso, sensacional, de primera, noble, envidiable, digno de imitación, pipi-fino, ingenioso, empinado, demencial, para arrodillarse, admirable, para derrumbarse, asombroso, sobrecogedor, adorable, increíble, de otro mundo, erotizante, bonfortiano, extraterrestre, de época, mágico, sin precedentes, único en la vida, un once en la escala de diez puntos . ... sólo por citar algunos ejemplos.

Y luego añadamos todas las combinaciones (a menudo con *"genuino, extra, especial, extraordinario"*, etc.) como *"extraordinariamente admirable"*, *"increíblemente ingenioso"* o *"verdaderamente notable"*.

A un amigo mío le gusta emplear un adjetivo (que en realidad es un sustantivo) a menudo asociado negativamente, para expresar su máxima admiración. Por ejemplo, podría decir: *"¡Esa comida estaba de muerte!"*. Esto sólo demuestra que parece haber pocos límites a la creatividad de cada uno, aunque no es una sugerencia para etiquetar los productos de tus futuras ofertas como "realmente asesinos".

Magia de las palabras: aumentar el valor generando emociones

¿Por qué este "juego" con las palabras? Sencillamente, la reacción semántica, es decir, la influencia que ejerce una palabra en el pensamiento y las emociones de una persona, difiere mucho. Por ejemplo, *"bueno"* puede suscitar una respuesta diferente a *"impresionante"*. Las distintas palabras nos impactan de diversas maneras. Si puedes elegir entre una palabra que produzca un efecto débil y otra que genere uno potente, ¿por qué no optar por esta última para expresar su punto de vista?

Estrategia de oferta nº 32 -
Escriba "al gusto del cliente".

Hay otro aspecto vital en tus propuestas relacionado con las palabras que utilizas. Anteriormente en el libro, hemos tratado ampliamente la importancia crítica de expresar claramente los beneficios para el cliente en sus propuestas.

Sin embargo, eso no basta. O mejor dicho, puedes amplificar el impacto. Imagina que entrega un paquete a un cliente. El contenido del paquete es lo que el cliente quiere. Pero, como quizá sepa por experiencias personales con regalos, el envoltorio es a veces incluso más importante que el propio contenido.

En el ámbito de la comunicación de ventas, las palabras, entre otras cosas, sirven para empaquetar el contenido de tu oferta. Los clientes prefieren oír las palabras que ellos mismos utilizan, debido al hecho de que generalmente favorecemos lo que es similar a nosotros.

Si has sido meticuloso y has tomado notas con diligencia durante la sesión informativa o la evaluación de necesidades para preparar la redacción de la propuesta, habrás acumulado una colección de palabras y frases específicas para el cliente, a veces incluso específicas del sector, que podrá utilizar al elaborar tu propuesta.

Cuando formules el texto de la propuesta, incorpóralas lo más cerca posible de la redacción original que utiliza el cliente. Inconscientemente, tu cliente se sentirá mucho mejor comprendido por ti si ve su propio lenguaje reflejado en la propuesta.

¿Qué palabras utilizan sus clientes?

- sensacional

- sostenibilidad

- eficacia

Habría miles de ejemplos más. Cuanto más inusuales sean las expresiones de tu cliente, más productiva será esta estrategia a la hora de redactar una oferta. En el lenguaje de tu cliente suelen encontrarse palabras y metáforas enteras de sus aficiones.

- El nuevo producto es un hoyo en uno.

- *"Quiero que mis empleados se fijen más en el objetivo"*, dijo una vez uno de mis clientes que quería que sus vendedores se fijaran más en el objetivo y fueran más decisivos a la hora de cerrar.

Métete en el mundo del cliente. Esto es un auténtico tesoro de oro para tu oferta.

Por ejemplo, un amigo mío utiliza la palabra "sensacional" muy a menudo y con gran entusiasmo. Es una palabra que yo uso poco o nada. Sin embargo, si tuviera que recomendar un restaurante a este amigo, la recomendación sería más eficaz si se la lanzaras en su propio idioma, como *"Sabes, ayer visité este restaurante verdaderamente sensacional"*.

Una pequeña petición

Ya has leído aproximadamente dos tercios de este libro. Espero que hayas aprendido algunas cosas que puedas aplicar para aumentar el valor de tus ofertas. Lo ideal es que ya hayas aplicado estas estrategias con éxito. Si es así, te felicito de todo corazón. Esencialmente, aunque sólo hayas puesto en práctica dos o tres de las estrategias que te parecen más importantes y fáciles de ejecutar, es probable que hayas ganado más de lo que invertiste en este libro. Eso es lo bueno de los buenos libros de ventas: se amortizan fácilmente.

Como autor, para mí es importante saber cómo encuentran el libro mis lectores. Reviso constantemente mis libros basándome en los comentarios de los lectores para hacerlos más sustanciosos y prácticos. Si quieres compartir una idea de tu experiencia, no dudes en enviarme un correo electrónico a service@romankmenta.com.

Me ayudarías mucho si también pudieras dejar una reseña en Amazon o en la plataforma donde compraste el libro. ¿Podrías hacerlo por mí? Si es así, podrías escribirla ahora si crees que has leído lo suficiente como para escribir una breve reseña. Por supuesto, si quieres terminar el libro antes de escribir tu reseña, sería igualmente de agradecer. En cualquier caso, ¡muchas gracias por considerarlo!

¿Por qué hago esta petición ahora y no al final del libro? La experiencia indica que este tipo de cosas se pasan por alto fácilmente cuando se colocan al final. Ahora, anticipa las estrategias que están por venir. He dejado algunas de las más emocionantes para el final.

PSICOLOGÍA DE LOS PRECIOS

La psicología de los precios también ofrece oportunidades muy rentables para hacer que tus ofertas sean más valiosas o que los precios que indica parezcan menores de lo que son en realidad. Y si el precio es menor que el valor, el cliente elegirá tu oferta.

Estrategia de oferta nº 33 -
Haz un sándwich de precios

Esta estrategia relacionada con la fijación de precios pretende evitar que el cliente se centre en el precio. Esto es especialmente importante si no eres el proveedor más barato (que es probablemente el caso de la mayoría de los lectores, ya que sólo puede haber un proveedor más barato en un campo determinado).

Por supuesto, no podemos evitar por completo que el cliente tenga en cuenta el precio. Lo más probable es que lo haga. Sin embargo, debemos hacer todo lo posible para que se fije más en el valor que en el precio.

Asegúrate de que el precio no sea lo último en su carta de oferta. Debe ir seguido de una ventaja para el cliente. Esto aumenta la probabilidad de que tu cliente contemple los beneficios en lugar del precio.

**Empaqueta tu precio en el llamado "sándwich de precio",
que, como un sándwich clásico, tiene tres capas.**

Un ejemplo de variante formulada:

1. **Característica de la oferta**
    Esta formación en ventas de dos días para sus
    comerciales se centra en la negociación de precios, ...

2. **Precio**
    Te sale por 6.900 euros y ...

3. **Beneficios**
    Ha creado así una base sólida para aumentar sus
    márgenes y márgenes de contribución en el diez por
    ciento previsto y ganar bastante más.

Si ya has enumerado antes tus características y tus precios,
enumera una o dos frases más con formulaciones de
beneficios después de esta enumeración.

Por principio, asegúrate de que los precios de tus ofertas se
mencionen o muestren siempre en relación con una ventaja
para el cliente.

Estrategia de oferta nº 34 -
prescinda de los suavizantes

Los suavizantes són palabras y expresiones que debilitan lo
que decimos y le restan fuerza. Especialmente cuando se trata
de precios, éstos deben comunicarse con fuerza y mucha
confianza en uno mismo.

Al analizar los presupuestos de un cliente, encontré la siguiente redacción estándar después de la mención del precio:

- Esperamos que nuestros precios satisfagan sus expectativas.

¿Qué significa esto para el cliente? Si el precio no cumple sus expectativas, ¿hay otro mejor, más bajo? - Este es un ejemplo clásico de suavizador. Esta redacción invita literalmente al cliente a solicitar una rebaja del precio.

Más a menudo que las frases completas, son palabras individuales las que sirven de suavizantes, disminuyendo drásticamente la posibilidad de que tus precios sean aceptados. Estas palabras debilitadoras aparecen con mucha más frecuencia en el lenguaje hablado que en el escrito (afortunadamente para tus ofertas), pero aun así debes examinar críticamente las formulaciones de tus ofertas a este respecto.

Algunos ejemplos comunes son:

- podría, haría, debería,

- en realidad, normalmente, si es necesario

Este tipo de palabras y otras similares se deslizan con increíble facilidad por nuestros labios en el contexto de candidaturas a premios.

El precio de catálogo también puede entenderse como un suavizante. *"El precio de lista de esto es..."* también implica que se puede aplicar otro precio más bajo. En este caso, basta con omitir la *"lista"*. *"El precio de esto es ..."* es claramente más sólido.

En definitiva, los suavizantes pueden costarle mucho dinero. Una palabra equivocada en el lugar adecuado de la oferta suele valer muchos euros en este sentido.

Estrategia de oferta nº 35 - Evite las palabras asociadas negativamente

Un pequeño consejo que acompaña al anterior: sustituye palabras como "costo" o "pagar" por otras más adecuadas. ¿Qué quiero decir con esto?

"Costo" es algo que a todos nos disgusta, ya sea personal o profesionalmente. Automáticamente despierta asociaciones negativas. Y, desde luego, no quieres despertarlas en relación con tus ofertas.

Tampoco nos gusta "pagar". *"¡Me vas a pagar por esto!"* o *"¡Me vas a pagar por aquello!"* tampoco me llenan de imágenes agradables.

Por lo tanto, acostúmbrate al referirse a tus precios en las ofertas no como "costos", sino mejor como "inversiones". Hay que reconocer que "inversión" parecería o sonaría muy extraño en el mostrador de embutidos del supermercado. Sin embargo, para productos o servicios lo suficientemente grandes y valiosos como para escribir un presupuesto por escrito, la palabra "inversión" es casi siempre aplicable.

Estrategia de oferta nº 36: omita los signos €.

Esta es otra pequeña y sencilla estrategia que se utiliza con frecuencia en el sector de la restauración. Hay estudios cuyos resultados sugieren que los clientes están ligeramente más dispuestos a gastar cuando no se coloca el símbolo de la moneda junto al precio.

Por lo tanto, basta con que escribas el precio en tu oferta como un número sin el signo del euro. A continuación, en el lugar apropiado, puedes indicar algo como: "Todos los precios son en euros sin IVA". Esto cumple los requisitos legales y se ajusta también a la psicología de los precios.

Estrategia de oferta nº 37 - Reduzca los precios

Si se adapta a tu oferta, divide los precios en unidades adecuadas y más pequeñas. Muéstralos en estas unidades pequeñas en tu oferta en lugar de o además de (dependiendo de lo que tenga sentido o sea legalmente posible en cada caso).

Un ejemplo clásico es el de los concesionarios de coches, que incluyen en sus ofertas precios de leasing por mes o incluso por día. Esto hace que los precios parezcan menores. Psicológicamente, esto reduce el obstáculo.

¿En qué unidades puedes desglosar los precios de tus ofertas? ¿A días, horas, minutos, personas, kilómetros, metros, aplicaciones, kilogramos, gramos o piezas? A veces son precisamente las formas inusuales de ver las cosas en tu sector las que pueden resultar interesantes para este fin. Aprovecha este efecto precio-psicológico a la hora de redactar un presupuesto.

Ejemplos del mundo real:

- Calcula el precio de un coche por día (suele hacerse en leasing) o por kilómetro.

- Calcula el precio de ventanas y puertas en función de la vida útil del producto y desglóselo en meses o años.

- Calcular los precios de los inmuebles desglosándolos por años o meses de uso, sin ignorar que la casa o el piso siguen teniendo valor.

- Cobra la inversión en seminarios corporativos por participante en lugar de por día o incluso por un programa de formación más largo; además, desglose los precios de los participantes a un valor por mes.

De tus estrategias básicas al respecto dependerá si sólo muestras estos precios desglosados y realmente los cobras de esa manera o si, además, los cotizas para dar a tu cliente una visión diferenciada de los precios.

Estrategia de oferta nº 38 - Pon primero los artículos de mayor precio

La secuencia en la que se enumeran los productos o servicios dentro de tu oferta también influye en la decisión del cliente y en el resultado. En psicología, reconocemos el llamado efecto ancla, que, entre otras cosas, desempeña un papel importante en la fijación de precios, como anclas de precios.

Fundamentalmente, un cliente sólo puede determinar si un precio es alto o bajo haciendo una comparación. Hacemos estas comparaciones automáticamente cada vez que nos interesa un producto y vemos su precio.

Lo comparamos con compras anteriores del mismo producto o de productos similares, con precios de productos de la competencia o incluso con el precio que habíamos previsto o esperado de antemano. En última instancia, lo comparamos con el valor que atribuimos a una oferta en nuestra mente.

A partir de esta comparación, juzgamos si algo es caro o barato, o si se ajusta exactamente a nuestra percepción del valor.

Precios altos para comparar

Hemos estado trabajando a lo largo del libro -como se mencionó al principio- para aumentar el valor percibido de tu oferta con el fin de influir en esta comparación a tu favor. Pero puedes utilizar el ancla del precio aún más ofreciendo al cliente un precio alto como valor de comparación.

A continuación, coloca este precio elevado -la variante más cara de tu oferta- al principio. El cliente debería verlo primero. Tal vez sea un precio demasiado alto para él, y nunca se plantearía elegir esta variante. Pero eso no es tan importante. El verdadero propósito de esta variante de precio elevado es utilizar el efecto ancla y hacer que parezca más barato el precio de las demás variantes que tú ofreces, que lo son en comparación con la variante más cara.

Crear variantes de lujo

En algunos sectores o para determinadas ofertas, puede incluso tener sentido crear variantes de producto separadas, especialmente de precio elevado, precisamente con este fin. Es cierto que esto es más fácil con los servicios que con los productos. Con estos últimos, sin embargo, también se puede trabajar con paquetes y calcular así un precio total más elevado.

Como ya se ha dicho, el objetivo no es vender esta variante de lujo con la mayor frecuencia posible. Tu objetivo principal es hacer que el siguiente producto más barato parezca significativamente más barato y así venderlo más a menudo.

Si no quieres o no puedes ofrecer distintas variantes en tu oferta, puedes seguir utilizando esta estrategia. Simplemente pon primero las partes de tu oferta que tengan precios comparativamente más altos (lo que no significa que tengan que ser caras).

Precios de catálogo como anclas de precios

Algunas empresas o sectores utilizan precios de catálogo bastante más altos que los precios que realmente ofrecen y consiguen (a menudo denominados "precios luna"). Todos los clientes son conscientes de que estos precios rara vez se cumplen. No obstante, tiene sentido utilizarlos como anclas de precios y mencionarlos como valor psicológico de comparación. Incluso si tus clientes entienden que el precio de lista nunca se aplicará, sigue teniendo un impacto psicológico en línea con el efecto ancla, haciendo que los precios realmente cobrados parezcan más bajos.

Para ello, los precios de lista no tienen por qué ser precios de lista reales. Cualquier tipo de precio tachado (el precio válido anteriormente) cumple esta función. Sin embargo, con esto no se pretende fomentar la creación de precios tachados artificiales que carecen de fundamento (como desgraciadamente se hace repetidamente en el comercio minorista con las etiquetas de precio).

Priming: un fenómeno sorprendente

Si esto tampoco es factible en su caso, la psicología de los precios aporta otro dato intrigante. Este efecto de anclaje se manifiesta incluso si las cifras altas iniciales no son precios en absoluto, sino cifras arbitrarias. Este impacto psicológico también se conoce como priming, que es la influencia, a menudo inconsciente, en el procesamiento de un estímulo -en nuestro caso, el precio-.

Ejemplos de cifras que no tienen nada que ver con el precio:

- La vida útil de XY es de 10.000 horas de funcionamiento.

- Ya hay 10.000.000 de clientes que disfrutan de este producto.

- Se calcula que 100.000.000 de personas en todo el mundo tienen precisamente este problema.

Curiosamente, esta estrategia de secuenciación correcta no suele emplearse. Al contrario, es mucho más frecuente exactamente lo contrario. La gente tiende a empezar por los precios más bajos. En las listas de bebidas (también un tipo de oferta escrita), por ejemplo, los vinos más baratos aparecen al principio, y los más finos al final. Es una pena, porque invertir el orden aumentaría las ventas de los restauradores y los clientes disfrutarían de mejores vinos.

Estrategia de oferta nº 39 - Hacer precios no circulares

¿Qué te parecen estas dos opciones de precios para condominios?

- 350.000 euros

- 351.350 euros

¿En qué se diferencian por su efecto? ¿En qué caso obtendría probablemente un mejor precio?

El sector inmobiliario es un producto en el que la negociación desempeña un papel fundamental. Rara vez se vende un piso o una casa por el precio que se pide. Por un lado, esto se debe a las grandes sumas de dinero en juego, que ofrecen amplias posibilidades de ahorro. Por otro lado, negociar también es una tradición en el sector inmobiliario.

Se has observado un efecto interesante con los precios inmobiliarios. Cuando las propiedades se cotizaban a cifras no redondas (por ejemplo, €351.350 euros), se negociaba, pero el precio final alcanzado era finalmente más alto que cuando los precios eran redondos (por ejemplo, €350.000 euros). ¿A qué se debe?

Los precios excesivamente redondos suelen parecer estimados y, por tanto, parecen una invitación a negociar. "El vendedor debía de tener algún razonamiento detrás del precio de €351.350 euros", piensa automáticamente el comprador potencial. Los precios no redondos dan una impresión de cálculo cuidadoso, lo que implica que hay menos margen de negociación.

Por tanto, considera la posibilidad de presentar precios no redondos en tus ofertas. En algunos sectores, estos precios se calculan automáticamente porque tradicionalmente se basan en un cálculo preciso del coste de muchos componentes (como suele ocurrir en el comercio). Si esto no es aplicable en tu caso, haz que los precios de tu oferta no sean redondos de forma inteligente y creíble.

¿Qué significa esto? Si yo cobrara €6.301,50 euros por una conferencia, parecería bastante extraño y poco creíble. Los clientes se preguntarían con razón cómo he llegado a los €1,50 euros. En este caso, no recomendaría ningún precio menos preciso que las centenas, por ejemplo, 6.300 euros. Esto está relacionado con el importe absoluto y la naturaleza del servicio.

Un artesano, sin embargo, podría indicar fácilmente en su oferta €6.301,50 euros como precio de un armario de dormitorio, aunque yo recomendaría omitir los €1,50 euros también en este caso.

EMBALAJE

No sólo el embalaje verbal de tu oferta o el aumento de valor mediante la disposición adecuada son importantes e influyen en el valor y, por tanto, en el precio alcanzable. El embalaje físico también tiene un gran efecto y puede ser un factor clave para el éxito de tus ofertas.

Estrategia de oferta nº 40 - Empaqueta tu oferta con valor

Los factores y elementos con los que puede trabajar aquí se han mencionado parcialmente a lo largo de este libro. Aquí te ofrecemos un resumen conciso de lo que debes tener en cuenta a la hora de redactar y diseñar físicamente tu oferta.

Es importante tener en cuenta que todo esto debe considerarse siempre en el contexto de su imagen de marca, sus productos y sus clientes. Si tus clientes objetivo son muy realistas, un embalaje de oferta demasiado lujoso puede resultar contraproducente. Sin embargo, con un toque de estilo, puede elevar significativamente tu oferta utilizando selectivamente las siguientes opciones.

Papel grueso de alta calidad

Imprime tus propuestas en papel ligeramente más grueso y de alta calidad. La sensación táctil de tu propuesta es un factor de valor que no debe subestimarse. Si procede, considera la posibilidad de utilizar una superficie sutilmente texturizada. Siéntate libre de jugar también sutilmente con los colores del papel; no tiene por qué ser siempre blanco.

Carpeta o carpetas

Las ofertas escritas suelen tener varias páginas. Invierte un poco de dinero y encarga la creación de carpetas de ofertas profesionales con el diseño de tu empresa, a juego, por supuesto, con el diseño de tus ofertas.

Firma

Firma la oferta personalmente, preferiblemente con una pluma estilográfica de punta ligeramente más ancha. Esto no supone trabajo adicional para ti, pero parece mucho más valioso.

Sobres y cajas

Al igual que el papel, los sobres también deben transmitir una impresión de alta calidad. Elige un papel ligeramente más grueso de lo técnicamente necesario. Si vas a enviar propuestas más extensas, considera la posibilidad de encargar una caja de cartón delgada como embalaje de envío.

Yo, por ejemplo, tengo una caja hecha a medida para enviar mis propuestas a posibles clientes. Normalmente, cuando recibo solicitudes para dar conferencias, envío libros relacionados con la propuesta, que se pueden empaquetar de forma óptima en mi caja de envío especialmente diseñada.

Sellos

A menudo, las cartas sólo llevan una pegatina discreta en lugar de un sello. Las imágenes en color de los sellos tienen un aspecto mucho más bonito y valioso. Por lo tanto, es mejor utilizar sellos.

Por lo que sé, incluso existe la posibilidad de crear sellos propios. Hay que admitir que esto ya supone bastante esfuerzo, pero si puedes utilizar muchos sellos, es una idea muy bonita.

Suplementos

¿Qué puedes adjuntar a tus ofertas que encaje temáticamente y mejora el paquete? Dependiendo del sector y de la empresa, podría ser

- una descripción detallada del producto,

- una muestra de producto o material,

- un folleto con imágenes,

- una colección de referencias de clientes,

- un libro - la mayoría de los lectores no tendrán (todavía) uno propio, pero un libro adecuado a su oferta es muy recomendable y aumenta enormemente su competencia.

Envío por correo

Si no vas a entregar y presentar personalmente tu oferta, lo mejor es enviarla por correo, como ya se ha dicho. El tiempo adicional para el envío por correo no suele ser una desventaja en la mayoría de los casos.

En general, el esfuerzo dedicado al embalaje debe ser proporcional a la cantidad de ofertas y al precio. Para pequeñas propuestas de 79 euros, por ejemplo, no sería económicamente viable empaquetarlas y enviarlas de forma tan elaborada. Sin embargo, si estás redactando menos propuestas de gran valor, puedes invertir una cantidad considerable de esfuerzo en el embalaje de cada oferta individual.

Por separado, estos métodos para mejorar el aspecto profesional y valioso de tu oferta pueden no parecer significativos. Sin embargo, cuando se combinan, pueden marcar una diferencia notable: la diferencia entre un pedido y un rechazo.

DESTACAR/FORMAS ESPECIALES

En el caso de propuestas especialmente grandes o importantes, o de aquellas en las que la competencia es excepcionalmente profesional y fuerte, puede ser beneficioso invertir un esfuerzo adicional en la propuesta escrita, potencialmente mucho mayor de lo habitual. Al fin y al cabo, tu objetivo es destacar positivamente entre tus competidores.

Las áreas en las que existen oportunidades para ello son principalmente:

- la presentación de la oferta y

- el embalaje de tu oferta.

Pero, ¿cuáles son las oportunidades que puede aprovechar aquí? Básicamente, se trata de ir más allá de los límites de lo normal, es decir, de lo que esperan tus clientes. Además de las variantes mencionadas al principio, hay mucho más o diferente que puede hacer al presentar tu oferta.

Las siguientes ideas para el apoyo multimedia de tus ofertas escritas son especialmente adecuadas para todas aquellas ofertas que envíe por correo electrónico. Como ya se ha comentado, el envío por correo electrónico es la forma más débil de entregar tus ofertas por diversas razones. Por lo tanto, el apoyo en este ámbito tiene mucho sentido.

Estrategia de oferta nº 41 -
Enviar un archivo de audio con la oferta

Si no tienes la oportunidad de explicar la propuesta a tu cliente en persona o por teléfono por falta de tiempo o por su preferencia, aún puedes comunicarte con él. Por ejemplo, puedes grabar un archivo de audio en tu smartphone, compartiendo tu mensaje para el cliente, e incluirlo con la propuesta (el tamaño del archivo debe seguir siendo manejable).

En este mensaje, puedes presentarte o incluso explicar tu propuesta o proporcionar información adicional. Este enfoque añade un toque personal a tu propuesta y garantiza que destacarás entre la multitud de ofertas competidoras. Lo más probable es que seas tú el único que te dirijas al cliente con un mensaje hablado.

Estrategia de oferta nº 42 -
Empaquete tu mensaje en forma de vídeo

Aunque un poco más elaborado, envolver tu mensaje al cliente en un vídeo es sin duda aún más eficaz. Hoy en día, esto se puede hacer fácil y rápidamente con cualquier smartphone estándar y un poco de conocimientos técnicos.

La perfección no es el objetivo. Por supuesto, la calidad del sonido y de la imagen debe ser tal que tu mensaje sea claramente comprensible. Por otra parte, una presentación buena pero no técnicamente perfecta puede resultar entrañable. Nadie espera una película de Hollywood. Todo el mundo se sorprenderá de que haya elegido este medio como característica adicional.

Existen varias variantes posibles a la hora de aplicar esta estrategia:

Variante 1

Una variante consiste simplemente en dirigir tu mensaje (autopresentación, información sobre la oferta) a la cámara.

Variante 2

Si deseas presentar tú mismo la oferta, puedes empezar hablando una secuencia a la cámara, como en la variante 1. A continuación, coloca la oferta delante de ti (o coloca el ordenador portátil o el bloc delante de ti) para que el espectador pueda ver la oferta y a ti como presentador. Realiza una presentación de la oferta de este modo, como si estuvieras sentado frente al cliente.

Lo único que falta es la interacción con el cliente. El cliente haría preguntas o plantearía objeciones durante una conversación cara a cara sobre la oferta. Tú mismo puedes hacer esto en tu vídeo. Como el lema "A menudo los clientes me preguntan en este punto...".

Esta variante de crear un vídeo también es factible con poco esfuerzo. Presta especial atención a las condiciones de visualización, a los posibles reflejos y a la calidad de la imagen cuando grabes la pantalla con tu smartphone. El tamaño de la fuente también es importante. Es probable que para este tipo de presentación la fuente tenga que ser más grande que para la cita escrita normal, dependiendo totalmente de cómo colocas la cámara.

Un método de aspecto algo anticuado, pero para este fin nada impracticable, es trabajar con el llamado rotafolio de mesa. Se trata de una especie de carpeta de anillas en formato A4 apaisado, que puedes colocar sobre una mesa y luego girar hoja por hoja, tu presentación.

Variante 3

Una tercera forma, más profesional, de plasmar la presentación de tu propuesta en un vídeo es hacerlo con una herramienta que muestre tu presentación en grande en la pantalla. Tú la vas viendo paso a paso, siendo filmado en una ventana más pequeña como el presentador, si eso es lo que quieres. La cámara integrada en tu portátil es suficiente para esto.

Las herramientas más adecuadas son, por ejemplo

- Screenflow
  http://www.telestream.net/screenflow/overview.htm
  o

- Camtasia https://www.techsmith.de/camtasia.html, sino también

- Zoom https://zoom.us/ es una herramienta de videoconferencia y webinar. También puedes utilizar otras herramientas similares para estos fines.

Especialmente si piensas crear este tipo de vídeos con más frecuencia, adquirir una u otra herramienta te compensará rápidamente. Debido a las numerosas reuniones en línea durante la crisis de Covid, los clientes ya están acostumbrados a este tipo de presentación.

Atención al volumen de datos

Si utilizas una de las variantes de vídeo para la presentación de tu oferta, el archivo será muy rápidamente demasiado grande para enviarlo por correo electrónico. Dependiendo del cliente, a menudo no tendrá ninguna posibilidad de entrega, ni siquiera con diez o 20 MB.

Si es así, elige otra forma de transferir el vídeo por seguridad. Envíalo por wetransfer (https://wetransfer.com/) en lugar de por correo electrónico o sube tu archivo a Youtube o Vimeo (no visibles al público) y envía a tu cliente sólo un enlace para ver el vídeo.

Si utilizas una plataforma como Vimeo, por ejemplo, tiene la ventaja añadida de que te notifica por correo electrónico cuando alguien ve el vídeo con tu oferta. Esto es especialmente útil para las ofertas que son revisadas y decididas por varias personas a lo largo de semanas o incluso meses. Sabrás cuándo el cliente está considerando realmente la oferta y se está "tomando en serio" la decisión. Esto te permitirá hacer un seguimiento preciso, incluso por teléfono.

Estrategia de oferta nº 43 - Crea tu propio sitio web para tu oferta

Esta estrategia de presentación de tu oferta es bastante elaborada: crea una página web de oferta independiente (como una subpágina de su propio sitio web) específicamente para este único cliente.

Esto es especialmente beneficioso si el proyecto o el cliente son muy importantes para ti o si existe la posibilidad de un pedido importante en caso de éxito.

En esa página web (a la que sólo se puede acceder con un código que envías al cliente) puedes combinar todos los medios:

- un texto con la dirección personal del cliente,

- un vídeo (que puede empezar a emitirse automáticamente en cuanto se acceda al sitio web) en el que dé la bienvenida al cliente y presente la oferta,

- la propia oferta como descarga en PDF,

- un archivo de audio.

Probablemente tengas aún más ideas sobre qué poner en una página de este tipo. Aquí apenas hay límites para tu creatividad.

Aunque crear una página web de ofertas tan pequeña requiere más esfuerzo, esto no debería disuadirle de utilizar esta estrategia. Si partimos de la base de que los distintos componentes (la oferta en PDF, la carta de presentación y, en caso necesario, el vídeo) deben crearse de todos modos, una página web de ofertas de este tipo puede estar lista en 30 minutos con unos pocos conocimientos técnicos.

Según mi experiencia, esta variante suele ser fácil y poco burocrática de implementar para las pequeñas empresas, mientras que los obstáculos burocráticos y técnicos serían probablemente demasiado elevados para las grandes empresas y corporaciones.

Destacar fuera de línea

Pero no sólo tienes formas creativas de destacar con tu oferta online; también las tienes offline, en el mundo físico real.

Estrategia de oferta nº 44 -
Ofrezca paquetes impactantes y sobrecogedores

"Shock and Awe" podría traducirse aproximadamente como "conmoción y asombro". Esto describe con precisión el estado en el que quiere poner a tu cliente con este tipo de paquete de oferta. La estrategia aquí es compilar un paquete de oferta física que literalmente "deje boquiabierto al cliente".

Esto puede referirse al contenido del paquete, al método de entrega o, naturalmente, a una combinación de ambos. Estos "paquetes de sorpresa y asombro" pueden ser caros, costando hasta varios cientos de euros por paquete, lo que es bastante más que una simple carta que contenga tu oferta impresa. Por consiguiente, esta estrategia no es económicamente viable para las ofertas masivas.

Pero, ¿cómo se puede imaginar un "paquete sorpresa"? He aquí algunas ideas. Si alguna de estas ideas le parece exagerada o incluso chocante, entonces podría ser lo suficientemente extrema para un verdadero "Paquete de Conmoción y Asombro".

- Haz que una persona especial entregue tu oferta,

  - alguien disfrazado (a juego con el producto) o

  - una celebridad o VIP.

- Entrega la oferta mediante un dron.

- Coloca la oferta en un maletín con una pantalla en la que su vídeo empiece a reproducirse en cuanto se abra la tapa.

- Entrega tu oferta en una caja completamente sobredimensionada sobre un paleta a.

Independientemente de lo que hagas, todo es concebible siempre que este tipo de embalaje se alinee con tu mensaje, tu producto y el cliente.

Ya puedes discernir a partir de estos ejemplos que hay sectores, productos o servicios en los que este tipo de embalaje de oferta es más fácil de imaginar y otros en los que sería mejor abstenerse de él.

Siempre que se espere de ti creatividad (por ejemplo, como agencia de publicidad), un paquete de este tipo podría ayudarte a destacar de verdad. Sin embargo, si un auditor entrega tu oferta para la auditoría de una filial mediante un dron o un mensajero a caballo, podría verse rápidamente eliminado del campo de competidores por el contrato.

Aunque estas ideas le parezcan muy extrañas o incluso desalentadoras, tómate unos minutos para dejar volar tu imaginación. Esto no significa que tengas que poner en práctica lo que imaginas. Sin embargo, al menos deberías permitirte, si no animarte, a pensar en ello. Tal vez se te ocurran variaciones "impactantes" que serían concebibles incluso en tu sector.

CONCLUSIÓN

Por último, te planteo una última estrategia. Esta no tiene que ver directamente con la oferta, pero es esencial para tu éxito.

Consejo extra: Haz un seguimiento - ¡SIEMPRE!

Es sorprendente la cantidad de vendedores que invierten tiempo y esfuerzo en crear ofertas, pero luego nunca hacen un seguimiento del cliente. Los estudios de Mystery Shopping revelan sistemáticamente que hay muchos más casos de este tipo de los que cabría pensar.

Al mismo tiempo, esto es una gran noticia para ti. Es posible que tus competidores también sean deficientes en este ámbito y no hagan un seguimiento de las ofertas. Si tú eres proactivo y mantienes el compromiso con el cliente o la oferta, automáticamente estarás muy por delante en muchos sectores.

Supongamos que tu cliente recibe tres ofertas (lo que no siempre es fácil en determinados sectores) y supongamos que estas tres ofertas son aproximadamente comparables en términos de contenido, forma y precio. Uno de los tres vendedores hace un seguimiento y vuelve a ponerse en contacto con el cliente de forma sistemática, sin ser molesto ni insistente. Los otros dos no lo hacen porque temen molestar al cliente y asumen que el cliente se pondrá en contacto si quiere comprar.

En este caso, ¿qué oferta es más probable que elija el cliente? ¿Quién tiene las mejores cartas? Creo que tú mismo puedes responder fácilmente a esta pregunta.

"No tengo tiempo para hacer un seguimiento de todas las ofertas" es una afirmación que escucho con frecuencia de vendedores y empresarios. Si te falta tiempo para hacer el seguimiento, entonces vale la pena cuestionarse si deberías redactar la oferta e invertir tiempo por adelantado.

Por supuesto, no siempre es posible hacer un seguimiento perfecto de cada oferta, aunque debería ser el objetivo. Si el tiempo apremia, empieza por dar prioridad a las ofertas más grandes y haz un seguimiento telefónico de ellas. Las más pequeñas podrían seguirse por correo electrónico, que, aunque no es lo ideal, es mejor que no hacer ningún seguimiento y puede estandarizarse o incluso automatizarse.

"¿Cuánto tiempo o con qué frecuencia debo hacer un seguimiento de mis presupuestos?" es una pregunta habitual de los vendedores. La respuesta es: tanto tiempo o tan a menudo como haga falta hasta que el cliente diga SÍ o NO. Entiendo que hay casos en los que todo el proyecto fracasa. Es posible que el cliente no tome una decisión y acabe por volverse ilocalizable. En estos casos, debes decidir individualmente cuándo cesar el seguimiento.

Aprovecha el potencial sin explotar de tu oferta.

En resumen, dispones de multitud de formas de mejorar tus propuestas escritas, transformándolas eficazmente en vendedores silenciosos. Si aplicas sistemáticamente estas técnicas, o al menos algunas de ellas, tendrás éxito.

Tus ofertas atraerán una atención positiva. Tus clientes no las desecharán a la ligera. Incluso recibirás alguno que otro elogio de los clientes por tu oferta si la has aplicado especialmente bien. Y lo más importante, por supuesto, venderás más y, sobre todo, a precios más altos.

A cambio, invertir un poco de tiempo, mucha creatividad y un poco de dinero en tu oferta es sin duda un punto a favor.

Te deseo mucho éxito en la aplicación.

Con aprecio,

SOBRE EL AUTOR

Roman Kmenta, experto en marketing y fijación de precios, ha desarrollado su actividad internacional durante más de 30 años como empresario, conferenciante y autor de bestsellers. Este economista de empresa y emprendedor en serie aporta hoy sus muchos años de experiencia internacional en marketing y ventas, tanto en el sector B2B como en el B2C, a más de 100 grandes empresas, así como a muchas pequeñas empresas y empresarios individuales de Alemania, Suiza y Austria.

Más de 100.000 personas leen su blog o escuchan su podcast cada semana. Con sus charlas, da impulsos que invitan a la reflexión a vendedores, ejecutivos y empresarios sobre el tema del "crecimiento rentable" y establece impulsos para sus oyentes y lectores en la dirección de un enfoque de ventas y marketing orientado al valor.

www.romankmenta.com

Foto: Matern, Vienna

¿Tus clientes ponen objeciones?
Así es como se convierten en tratos.

Las objeciones son habituales en el día a día de los vendedores. Ya se trate de "demasiado largo", "demasiado breve", "demasiado caro" o cualquier otra objeción, puede resultar difícil manejarlas con eficacia. Sin embargo, las objeciones son cruciales porque pueden conducir directamente al éxito de una venta.

Por desgracia, muchos vendedores cometen el error de responder a las objeciones con un despectivo "Sí, pero...". Este enfoque no es aconsejable y puede costarte una venta. En su lugar, este libro te ofrece una forma más elegante y exitosa de tratar las objeciones, que puede aumentar significativamente tus ventas y tu volumen de negocio.

En este libro, aprenderás por qué responder a las objeciones con un "Sí, pero..." no es eficaz y qué puedes hacer en su lugar. También descubrirás técnicas y estrategias probadas para manejar las objeciones con elegancia y eficacia, para que puedas cerrar más ventas y aumentar tus ingresos.

www.romankmenta.com/shop

Utilizar con éxito las técnicas de interrogatorio: así es como funciona

Difícilmente existe otro instrumento tan importante para vender con éxito y tan universalmente aplicable como las técnicas de formulación de preguntas. Con las preguntas adecuadas, puedes establecer una relación más estrecha con tus clientes, descubrir sus verdaderas necesidades y deseos, y abordar con habilidad cualquier objeción que puedan tener, lo que en última instancia conduce a un cierre exitoso.

Invertir tiempo y esfuerzo en dominar las técnicas de formulación de preguntas puede mejorar significativamente tu rendimiento en ventas. Te sorprenderán los resultados que puedes conseguir incorporando estas técnicas a cada fase del proceso de ventas.

www.romankmenta.com/shop

Para más información:
https://www.romankmenta.com/buch-zu-teuer-international/